快读慢活

陪伴女性终身成长

妈妈，你其实不懂女孩

3~12岁女孩养育指南

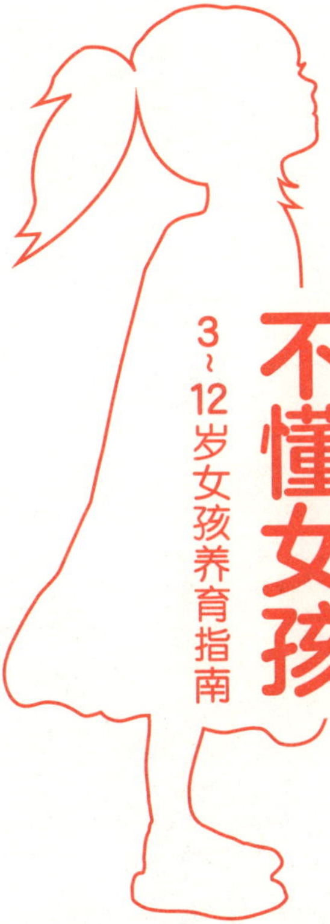

[日]高滨正伸 著
李中芳 译

江西科学技术出版社
南昌

前言

每次我举办亲子课堂或讲座时，妈妈们咨询我最多的问题就是如何改善自己与女儿之间令人抓狂的关系。

我发现咨询这个问题的一般都是二胎妈妈，而且她们的第一个孩子大多都是女孩。不少妈妈都跟我抱怨："女孩是不是都这么不好养啊！"

几乎每位妈妈在谈到自己难以相处的女儿时，总会不约而同地愁容满面。她们会一边揉着太阳穴，一边叹息着数落女儿。这些表情都是妈妈们在谈起儿子时不曾有过的。

由此可见，并非所有女孩一出生就是妈妈的"贴心小棉袄"。哪怕是年仅四岁的小女孩，也会经常故意说些令妈妈抓狂的话。比如："妈妈你不过是嘴上说说罢了。""那件衣服不适合你。""妈妈你这次购物又失败了吧！"

为什么妈妈和女儿的关系会变成这样呢？

这二十几年来我见识过形形色色的亲子关系，深刻体会到一点：妈妈与女儿间的关系，才最能反映家庭生活的本质。

妈妈在和女儿讨论柴米油盐、家长里短的时候，一个家庭的情感和生活似乎才能得以维持和延续。

而爸爸和儿子总是天真地以为一个人仅靠理想、梦想和希望就能存活下去，他们会觉得："只要能下象棋，还吃饭做什么！""只要能看动画片，我就心满意足了。"

如果大家都按照男性的所谓"理想生活方式"去生活，那这个世界一定会土崩瓦解的。

如今，女性被社会赋予了更多的职责和重任。女性既要在职场上游刃有余地处理工作，同时又要兼顾家庭，养育子女。正是因为女性，整个社会才能长久稳定地运转、传承下去。

因此，我深刻地体会到：脚踏实地养育好女孩们，也是为守护下一代，保证下一代的繁荣昌盛，贡献自己的一份力量。

当然，与此同时，"好男人的定义"也发生了变化。

以前，"好男人 = 有经济实力的男人"。人们普遍认为，和一个有经济实力的男人结婚，便能一生无忧。

随着时代的变迁，如今流行的是"综合能力强的男人才是好男人"。对好男人的评价标准，不再只是体现在经济实力上。"善解人意""体贴爱人，让她感到幸福""交际能力强"和"有共情力”也成为好男人的必备条件。

现如今女性在职场上发挥着越来越大的作用，对男性的评价标准也在慢慢发生变化。如果男性没有与异性进行良好沟通交流的能力，将无法顺利结婚；或者即便结婚，婚姻也无法长久，而且也无法胜任自己的工作。

本书将向各位妈妈详细介绍如何培养出优秀、独立、并能获得幸福人生的女儿。我相信，这样的女性在未来的生活中一定可以优雅从容地应对各种风云变幻。

不少妈妈觉得自己与女儿都是女性，自认为很了解自己的女儿，但实际上你们对女儿并不了解。本书会介绍一些妈妈在养育女儿的过程中可能会出现的误区。

我衷心地希望本书能够成为各位读者在养育女孩过程中的指南，为你们提供思路、指引方向，也算是我为社会的繁荣昌盛贡献自己的力量。

目录

第 1 章

妈妈也一知半解？女孩原来是这样的

第 2 章

10 岁之前，应该培养女孩的哪些能力？

第 3 章

面对青春期女孩，妈妈应该如何应对？

第 4 章

如何培养出独具魅力、和妈妈关系融洽的女孩？

第5章

如何培养女孩的学习能力？

第 1 章

妈妈也一知半解？女孩原来是这样的

女孩的特点①

不做第一，只做唯一

男孩总希望自己能成为所有人心目中的第一，而女孩只要能做某个人心中的唯一，便会心满意足。

男孩之间经常会这样聊天："世界排名第一的棒球运动员是一郎！""不对，×× 才是第一！"而女孩一般不会谈论关于谁是第一的话题。

女孩重视的是现实生活中的人际关系。素未谋面的一郎是第一还是第二，与她们没有任何关系。

对于女孩而言，只要能被身边的人所珍视、所深爱，内心就会无比有安全感。

我曾经带领一群孩子参加夏令营，临睡前，低年级的孩子开始想家。

这时我发现，低年级的男孩，有些"隐忍派"即便非常想妈妈，内心感到无比孤独，也会努力克制思念，装作若无其事的样子；有些“豪放派”则直接号啕大哭，不管怎么安慰都不起作用，最后直到哭累了睡着为止。

女孩虽然也很想家，但她们对孤独情绪的排遣方式和男孩截然不同。通常女孩只要得到老师的关心和安慰，就能很快平静下来。

我走到一个哭喊着要妈妈的女孩身边，对她说：“要不要和老师一起看星空呀？”然后带她走到窗户旁。

我对女孩说：“你看，星星多漂亮啊！它们在冲着你眨眼睛呢！它们在说：‘×× 小朋友，要加油哦！’”女孩感觉到自己被关心、被呵护，马上就擦干眼泪不哭了。

然后我又对她说：“对着星空和妈妈说晚安，就去睡觉吧！”女孩“嗯”了一声点点头就回到房间，甜甜地入睡了。

只要有人能够理解自己，特别关照自己，女孩很快就能从坏情绪中走出来。

无论被别人邀请看雪还是看花，其实都没有太大区别。

另外，在一个家庭中，姐姐有时会因嫉妒而欺负妹妹。这时父母只要“特别关照”一下姐姐，问题往往就能轻松解决。绝对值得一试。

女孩只想做某个人心中的唯一，要多多理解与特别关照她们。

女孩的特点❷

重视情感认同

在我负责的小学二年级班上有个女孩叫S，她平时就算再怎么不喜欢写作文，每周也会勉强写一篇交上来。但前几天我听见她哭喊着说："我不会写作文！我就不写！"她倔强地哭泣着，歇斯底里的哭声响彻整个楼道。而且摆出一副要和老师抗争到底的模样："我就不写！我要回家！"面对哭闹不止的S，她的老师束手无策。

这时候我决定出场了。

我在心里默默地告诉自己："今天一定要解决这件事！"然后我便耐心地去和女孩沟通。

这时别的学生都已经回家了，S停止了号哭，只是抽抽搭搭地呜咽着。我在她旁边坐下，对她说："今天是怎么啦？愿意和老师聊一聊吗？你这样回家，老师也不放心呀。"S说："老师，我今天实在是受不了了，才会爆发这样的情绪。"我又问她："那你自己到底是怎么想的呢？”接着，她说出了内心真实的想法，我又抱着关切的心情和她聊了聊她的问题，并给出了一些建议。过了一会儿，S慢慢地止住了哭声，开始认真写起了作文。

S写好作文后，我非常高兴地表扬了她：“你很用功呀！”S回答道：“老师，我今天很开心！”我接着说：“今天是个非常特别的日子呢！”听我这么一说，她马上变得更加开心。

S那天向我表达感谢时还很不好意思，过了一周再遇到我时，已经能笑嘻嘻地和其他学生一样甜甜地冲我打招呼了。

女孩感受到对方深切关心自己时，就会有所回应。

要说服男孩，你只需晓之以理，告诉他们：“因为这个那个的原因，所以你应该这样做。”而要说服女孩，你必须动之以情。

而且，我深刻地体会到成人世界也是如此。

比如，我与花丸学习会的男员工和女员工的沟通方式也是截然不同的。

对于女员工，我会经常对她们嘘寒问暖：“没事吧？”“需要帮忙吗？”还会经常在一些小事上设身处地为她们着想。只要她们在情感上被认可，感到心满意足了，便能充分发挥出自己的实力，认真做好眼前的事。女孩如是，女人亦如是。

女孩感受到对方深切关心自己时，就会有所回应。

女孩的特点③

喜欢“真可爱”“真漂亮”“我懂”的聊天方式

男孩在谈论事物时，一般只有两个标准：“有趣”和“很酷”；而无论多大的女性，她们都会喜欢“真可爱”“真漂亮”和“我懂”这样的聊天方式。

无论什么年纪的女性，她们都需要在情感上与他人产生共鸣，仿佛这样才是她们真真切切活着的证明。

经常听到有人说：“小学二年级的女孩和同年级的男孩思想完全不在同一水平线上，反倒和 25 岁女人的观点和感受更为相似。”确实如此。无论年龄多大，以前是否相识，女性只要能够在情感上产生共鸣，她们的话匣子就很容易打开。

前不久，我的妻子有事去医院，和一位女护士聊得很投机。

“不会吧，太不可思议了！”妻子感叹完便又和女护士窃窃私语起来。看样子妻子与这位初次碰面的女护士相谈甚欢。

面对这个场景，大概所有的男士都会和我有同感：“这都能聊到一块儿去！”女人的世界真是太不可思议了！

不只女人，女孩也是如此。

我至今还记得，有一个小学一年级的女孩跟我说过这样一句话：“老师我告诉您，您要是赞美一个女孩‘你真可爱啊’，你马上就能和她成为朋友！”

女孩的这句话可谓是金玉良言。

女孩之间的友谊，就是在和对方分享自己喜欢的物品，夸赞对方可爱、漂亮，以及理解、懂得对方的心情等与对方产生情感共鸣的过程中建立起来的。

“再小的女孩也是女人。”用这句话总结再贴切不过了。

女孩需要在情感上与他人产生共鸣。

女孩的特点④

✿ 热心、体贴、会照顾人

女孩都比较热心、体贴以及会照顾人。

当然，也有一些热心或体贴的男孩。但比起男孩，女孩在这方面做得更好，也更擅长。

前几天我在学校遇到了一个女孩，她妈妈抱着她的妹妹来接她放学。女孩抚摸着还是婴儿的妹妹，脸上的表情温柔而安静，用“慈爱”这个词形容再贴切不过了。

那完全就是妈妈看自己孩子时才会有的表情。女孩觉得自己的妹妹真是太可爱了，一副很骄傲的表情，好像在告诉别人“我的妹妹很可爱吧！”。真像个爱女心切的老母亲啊！那画面让人忍俊不禁。

偶然一次机会，我又在街上遇见她，发现她不过是个抱着玩具娃娃一脸稚气地开心玩耍的小女孩。**但她又像妈妈一样，有着母性的温柔和慈爱，喜欢照顾别人。**我想这也是女孩身上非常有趣的特点。

在花丸学习会，也有个非常喜欢照顾别人的女孩。我经常会让她帮我做一些小事。

如果当天有新来的小朋友，我就会事先跟这个女孩说："今天是 ×× 小朋友第一次来我们学校。你要多教教他啊！"然后便把她安排在新来的小朋友身边。

于是，女孩便会不厌其烦地教新来的小朋友："下面我们要学的是蒲公英。它的图片在那本黄绿色的小书里。"耐心对待别人，也是女孩非常了不起的特点。

在向新来的小朋友解释一个立体教具积木的玩法时，女孩一边摆弄着组装起来的立体教具，一边认真地演示给她看，并告诉她："这个是这样玩的。"

这个女孩总是能够无微不至地照顾别人。而且，当我对她说"谢谢"，她会更加开心地照顾别人。

女孩身上有母性的温柔与慈爱，喜欢照顾人。

女孩的特点⑤

✿ 爱聊天

爱聊天是女性的又一大特点。最具代表性的便是女澡堂内热火朝天的聊天场景。

每次去泡温泉或去澡堂，女浴室和男浴室的隔板上方偶尔会敞着，那时我总会听到女浴室里的各种聊天声。

女浴室里的女士们总是能和初次见面的人迅速熟络起来，无论什么样的话题都能聊得热火朝天。她们的聊天内容大致是这样的："您从哪里来啊？""您的孩子正是最可爱的年纪呢！我的孩子却已经长大了。""确实如此呢！"

而男浴室里的男士们一边听着女人们聊天，一边默不作声地清洗自己的身体。

讲座也是如此。

花丸学习会经常会举办一些专门针对妈妈或爸爸的讲座。

每次妈妈参加的讲座开始前，整个会场人声鼎沸，主持人要多次提醒，讲座才能顺利开始。

而爸爸参加的讲座则大多鸦雀无声。谁都不和旁边的人讲话。爸爸们要么看手机，要么闭目养神，一副拒绝接受任何无用信息的表情。讲座总是在一片寂静中开始。

“爱聊天的性格”会由妈妈遗传给女儿。爱聊天的妈妈一般都会有个喜欢谈天说地的女儿。

尽管也有些妈妈不善言辞。但从本质上来说，女性爱聊天的特点正是她们顺利与人交往并得以生存下去的强大武器。

多聊天还能提高女孩的语言表达能力，同时增加词汇量。

妈妈的说话方式、兴趣爱好，以及看待事物的角度等都会深深影响女儿。

如果妈妈看电视时说：“这个明星好帅啊！”受妈妈影响，女儿长大后可能会成为追星族。如果妈妈看到天空的晚霞说：“晚霞真美啊！”那女儿在长大后对于美好事物和大自然可能会有更敏锐的感知力。

再举个例子。下雨时，如果妈妈老是叹气说：“唉，又下雨了！”那孩子以后多半也会说出“下雨了，真烦人”等同样消极的话。而如果妈妈说：“老天终于肯降雨啦！水坝就能蓄满水啦！”那孩子所看到的就不是事物的消极面，而是它的积极面。

因此，妈妈在和女儿聊天时，一定要注意用积极乐观的语言去引导她。

女孩喜欢聊天。妈妈要注意在和女儿聊天时使用积极正面的语言。

女孩的特点6

做事喜欢有人陪伴、喜欢扎堆

女孩们经常会邀请自己的同伴一起去卫生间，这是男孩始终无法理解女孩的一个地方。

男孩们经常会犯嘀咕：“她让你去厕所你就去啊！你是真的想要去上厕所吗？”

女孩们一起结伴去卫生间，然后又一同回教室。这也是她们再次确认自己是否属于某个小群体的一种方式。换言之，在学校，卫生间是女孩们可以在私下共同活动的空间。

办公室的女职员们喜欢在茶水间聚集聊天，妈妈们经常在送孩子上校车后聚在一起喝茶。这也是因为这些活动场所是她们共同的活动空间，她们可以借机聊聊彼此感兴趣的话题。

当然，这种友好关系并非坚如磐石。但女性会通过聊天来互相确认：“我们是好朋友哦！”“我们是一起的哦！”

因此，虽然一起去卫生间这个行为本身并没有什么意义，但她们想要通过这种行为来与其他人构筑一个共同的空间。无论是年幼的女孩，还是成熟的女人，天性都是如此。

女性在聊天时经常会这样讨论：“你们不觉得那件事他们做得太过分了吗！”“那简直是闻所未闻！”“就是就是！”女性的小圈子总是各种话题不断。

女性在聊天的过程中，会与对方产生共鸣。通过谈论某个话题，在彼此之间渐渐地形成一种同伴意识。

虽说在20位女性中可能会有1位女性比较讨厌这种女性间的小圈子，习惯独来独往。但大多数女性都会属于某个群体。

女孩从上小学开始就会追求群体归属感。比如，她们会说：“我们的钥匙链是一样的！”“这是我们一起在××买的！”“我们几个都喜欢这个卡通人物！”

这一点在男孩之间是没有的。

因此，不少女性会对无法与自己产生共鸣的男性感到抓狂。女性从小就已经习惯和其他人构筑共同的空间，而男性从小只关注自己。要想让这两者拥有同样的想法并实现无障碍沟通，确实比较困难。

在日常生活中，由于女性和男性的沟通方式存在差异，常会闹出一些让人忍俊不禁的笑话，但同时也能让双方深切体会到懂得换位思考与理解对方的重要性。因此，在养育女孩的过程中，妈妈尤其要注意到这一点，让女孩从小懂得男女本就不同。

女孩们通过一起谈论某个话题，在彼此之间渐渐形成一种同伴意识。

女孩的特点⑦

✿会耍小心眼，通过施加精神压力来欺负对方

大约十年前，花丸学习会里的一位女老师说过这样一句话让我至今记忆犹新。

当时我和她聊起一位后辈，她的心情明显变得有些烦躁。最后说出：“不知为何，我很想去捉弄他。”

当时听到这句话后，我吓了一跳，一时不知道该如何回复她。不过仔细想来，女孩间的欺负从小时候就开始了，而且大多以心理折磨为主。

而男孩间一有矛盾，马上就会动口或直接动手。他们会边揍对方边说：“你想干什么？”“你真讨厌！”

因此，男孩间的欺负一般体现为肉体上的打斗。

一般来说，男孩间更容易打架，而女孩间更容易耍小心眼，女孩擅长通过给对方施加精神压力来达到欺负对方的目的。

女孩似乎从很小的时候就知道，对于一个人而言什么才是

让她最痛苦的。于是，女孩擅长心理折磨，也最喜欢排挤人。比如一言不合，就会将某人从一起去卫生间的小圈子中排除掉。

在各种谈论人性的著作中，几乎每个作者都不约而同地写道：“对于一个人而言，什么才是最痛苦的？那就是被无视。”

对于孩子而言，再也没有比上学时被同学无视、被当成透明人一样更痛苦的事情了。

男孩的好胜心强，总想和别人比高低、争输赢。因此，在男孩的小圈子里，经常会有一个孩子是被其他人欺负的对象。

可能在女孩看来，男孩间的欺负仅仅就是相互打斗。但在男孩的圈子里，当一个男孩开始被欺负时，他就已经成为其他小伙伴固定的欺负对象。

而与男孩不同，女孩间的欺负会在小圈子里的每个人身上都上演一遍。这种现象是男孩之间没有的。

女孩都很担心自己会成为下一个被欺负的对象，于是会尽可能地让自己与小圈子里的其他人统一步调。在这个过程中，女孩往往会变得越来越坚强，也会更加清楚地了解该如何融入集体。这也是为什么女孩进入社会以后，会表现得比男孩更不轻易服输、更坚韧不拔。

女孩在被欺负的过程中会变得越来越坚强。

女孩的特点8

喜欢写信，喜欢交换物品

大多数女孩喜欢与人交流，而且也比较擅长与人交流。其中，最典型的行为就是女孩喜欢写信。

我们学校每年都会举行野外宿营的夏令营活动。这个活动已经举办了二十年。每年和孩子们一起度过三天两夜的夏令营后，老师们一定会收到全国各地女孩们的来信。

但在这二十年间，老师们却从未收到过一个男孩的来信，一封都没有。这或许是因为男孩始终以自我为中心，不会像女孩这么心思细腻吧。

我在下一页展示了一些来自女孩们的感谢信，其中一封是小学二年级女生 M 的来信。她在信中写道："谢谢老师这几天对我的殷切教导。"她这种诚恳的态度不由得让我十分感动。

而这一点是男孩很难做到的。

右侧为M的来信

我从女孩们那里收到过不计其数的来信。这些来信都被我视若珍宝。

还有一封六年级女学生 H 的来信让我忍俊不禁。

她在信中俏皮地写道：“这封信背面什么都没有哦。”然后又在信纸的背面留出了回信空间。

此外，女孩还喜欢交换物品。

比如夏令营或冬令营活动结束后，学生们一起坐车返回的途中，女孩们最期待的莫过于零食时间。

男孩们都默不作声，独自品尝自己的点心；而女孩们却异常热闹。她们的对话经常以“我们来交换点心吧”开始。

“你尝尝这个！”“你也尝尝我的！”“我给你吃糖，你给我吃巧克力吧！”这样的对话此起彼伏。

而且，进入职场后女性也喜欢给同事分发零食。这也正反映出女性擅长交流的特质。

大多数女孩喜欢与人交流，而且也比较擅长与人交流。

女孩的特点⑨

喜欢玩过家家游戏

几乎每个女孩都喜欢玩过家家的游戏。而且女孩在玩过家家时会模仿妈妈的样子，跟小伙伴说“把调料拿给我”之类的话，在游戏中再现现实生活的具体场景。

而大多数男孩只会大声喊着：“小汽车，嘟嘟嘟！”每天小汽车、小火车或飞机玩具不离手，整日沉浸在幻想的世界里。

我自己也有同样的经历。

记得我在四五岁玩汽车玩具时，会自己设定各种规则，比如让它停在围墙前，或是开出去后再返回原地，整日在幻想的世界里乐此不疲。

当然，男孩也会玩过家家的游戏，女孩也会玩火车或飞机等玩具。不过，男孩和女孩玩耍的方式大相径庭。

比如，当男孩玩汽车玩具时，会从侧面紧盯着玩具，玩得出神的时候恨不得将它整个置于手掌之中。他们很享受飞速、炫酷和大起大落的感觉，会不由自主地完全沉迷于这类动感十足的游戏中。

而女孩在玩汽车玩具时，不会那么注重立体感，她们会讨论诸如“下面轮到谁玩了”之类的问题。游戏始终围绕着人际关系展开。

因此，女孩玩过家家游戏，更多的是一种对未来生活的模拟。

此外，女孩经常玩过家家游戏，能极大地提高她的语文水平。

比如，在做语文阅读理解时，需要充分理解人物当时处于什么样的状况以及心情如何等要素。

当男孩遇到这种问题时，他多半会想：“你问我主人公这时的心情？可我又不是主人公，怎么会知道他的想法？”我小时候也是这样。

而女孩在玩过家家游戏时，会扮演妈妈、姐姐或老师等角色，会给自己设定各种场景。正是通过这些游戏，女孩慢慢学会了换位思考。

因此，在考察主人公心情的阅读理解题上，女孩的平均分要比男孩高。这种情况在上初中前尤为明显。

女孩在玩过家家游戏的过程中，能逐渐学会换位思考。

女孩的特点⑩

✿ 想要努力做个好孩子

与男孩相比，大多数女孩小时候表现得会更优秀一些。比如，女孩会一丝不苟地学习，也会认真打招呼，上课时会保持坐姿端正，并目不转睛地盯着老师。

女孩与男孩的世界观截然不同。

很多低年级的男孩满脑子都是各种幻想："我被 ×× 骑手附身了！""说不定我可以飞到太空去呢！""有朝一日我也能打出超级铁拳！"

而女孩从小的想法就很有生活气息："以后等我结婚了，我想要两个小孩。""我想过上这样的生活！"

女孩会想要努力地做个好孩子。

在她们眼中，一丝不苟是一种美德，而且她们很早就开始有羞耻感。

女孩绝对不会像男孩一样通过说脏话、爆粗口，或是做些出格的事情来博取别人的关注。这是因为女孩不愿意让别人觉得自己很奇怪或很愚蠢。

比如，在我们学校，老师会使用一种三分钟算术教材。

当老师让大家开始一起做题时，有些女孩会一边做题，一边用手挡住自己已经做出的题。这样做，主要是因为她们的计算速度慢，或是对该学习单元的内容理解得还不太透彻。她们并不愿意将这样的自己展现给别人。

还有些女孩在检查对错时，会将做错的地方偷偷擦去，再写上正确答案。

有些高年级的女孩，她们甚至会在遇到难题时，因为害怕其他人比自己先做出来，会先跟老师说："我不想做这道题！"也就是说，如果结果已经一目了然，女孩就不愿意去尝试了。

有时候，明明自己会做某道题，有些女孩依然会有意地去问老师："老师，这道题要怎么做呢？"老师告诉她解题思路后，女孩会装作恍然大悟一样："原来是这样做的啊！好的，我明白了！"女孩会通过这种方式，让身为优等生的自己多一些与老师交流学习的机会。

而且，即使某道题做错了，女孩也绝不会说："啊？不会吧！我不明白！"

更有甚者，有些女孩会将不会做某道题的责任归结到别人身上。

比如，A 老师问："你为什么会把这道题做错呢？"有些女孩便马上把责任转嫁到教她这单元内容的老师身上："因为 B 老师就是这样教我们的！"

在这个问题上，老师都会不厌其烦地教导每个孩子，让孩子们转变对犯错的认识。老师会说："在做题时，不要想着和别人比，而是要和自己比。我们正是在犯错的过程中不断成长，变得越来越聪明的。"

"从一开始的什么都不会，再到慢慢学会，这是一个很好的学习的过程。"这样的对话一般只会发生在老师和女孩之间，不怕出丑的男孩反而不需要老师太操心。

女孩从小就想要努力做个好孩子。

女孩的特点⑪

✿ 嗅觉、听觉和触觉更敏锐

与男孩相比，女孩嗅觉更敏锐。

我们总会听到女孩说："什么东西这么大的味道？"

还有女孩会迅速揭穿老师："老师刚吃过拉面吧？"

我自己对味道很迟钝，因此经常会被妻子说："真是受不了了！你不觉得味道很大吗？"

我们经常会听到女孩说："那个人的声音真好听！"

在日本，演员中尾彬、主持人川平慈温和赤坂泰彦，以及音乐人福山雅治的声音都很动听。

低沉而稳重的声音，能够带给听众一种安全感，充分展现出值得信赖的男性魅力。

无论是年幼的女孩还是成熟的女人，这样的声音都会让她们联想到守护自己的父亲。

此外，女孩还非常喜欢干爽、滑溜溜或软绵绵等触感，什么东西都喜欢去触摸一下。

总之，相对于男性，女性的嗅觉、听觉和触觉更敏锐。

女孩的嗅觉、听觉和触觉更敏锐！

女孩的特点⑫

以妈妈为榜样

在男孩眼中，妈妈是他的女神，是他自信的源泉；而在女孩眼中，妈妈是她的榜样。

女孩看到妈妈每天做饭的样子，她会想："我也要尝试一下。"

如果妈妈经常对爸爸说："你真邋遢！"女孩也会学着妈妈的样子批评爸爸："爸爸，你真邋遢！"

女孩还会学着妈妈的口吻，对弟弟说："赶快收拾好！"俨然一个小妈妈。

女孩本身就带有母性特质，因此大多会宽容男孩或男人的邋遢。

而且，女孩待人处事的方式和说话的口吻也和自己的妈妈如出一辙。

前几天，我在家附近碰到一群一块儿去上学的小学生。

有个女孩在维持秩序，想来应该是他们的班长吧。只见她冲着大摇大摆走路的男孩苦口婆心地说道：

“到底要我说几遍你们才能明白啊？”

“我不是跟你们说过不要越过白线嘛！”

我想，这个女孩的妈妈估计平时也是用这样的口吻和她说话的吧。

女儿就是妈妈的一面镜子，心态积极阳光的妈妈很容易培养出一个乐观向上的女儿。而相反的，心态悲观消极的妈妈则很容易培养出一个悲观消极的女儿。说话方式也如此，我们总能在女儿身上找到妈妈平时在家中言谈举止的影子。

即便是再完美的人，在孩子面前也会原形毕露。在养育孩子的过程中，妈妈的人生观会给孩子带来极大的影响。

不过各位妈妈也不必感到悲观，因为世界上没有哪个妈妈是十全十美的。

那妈妈应该如何更好地养育女孩呢？我始终信奉下面这句话：

“父母不断进步，孩子自会向你看齐，想要变得更加优秀。”父母的言传身教胜过任何苍白无力的说教。言传身教是家庭教育

的重要一环，也是育儿的基础。

当然，我也并非要求各位妈妈马上改掉自己的缺点，在女儿面前表现得完美无缺。俗话说心急吃不了热豆腐，做任何事情都不可能一蹴而就。如果妈妈太苛求完美，有时反而会适得其反。

我们只需脚踏实地地努力。

当听到女儿说话刻薄时，妈妈也要自我反省：“啊，是不是我说话也这么难听啊！”然后从第二天开始让自己一点一点地去改变。

愿每位妈妈每天都能满脸微笑，做孩子永远的太阳。

女孩会观察妈妈的一言一行，长大以后也会成为和妈妈一样的人。

第 2 章

10 岁之前，应该培养女孩的哪些能力？

10 岁之前是孩子习惯的养成期，好的习惯会让孩子受益终生。

习惯包括睡眠习惯、卫生习惯、饮食习惯、学习习惯等。有些习惯容易养成，即使是成年期也可以重新养成，但有些习惯最好能够让孩子从小养成，这样孩子的综合能力才会更强，并在未来拥有更多的可能性。

在本章中，我将结合身边一些社会人士的经历，和各位妈妈聊一聊，应该在 10 岁之前培养女孩的哪些习惯和能力，才能让她们在长大成人后更有意志力、更加独立和自信。

我将从以下方面展开阐述：培养女孩良好的生活习惯和教养；让女孩具备不服输的精神；在成就感中培养女孩的自信；让女孩具备自己的“拿手本领”；培养内心强大的女孩，让她在面对欺负时学会回击；坚决不给孩子买不需要的东西，让她懂得什么是“原则”等。

当然，这些方法不仅适用于女孩，在养育男孩的过程中也同样可以运用。可以说是基本的育儿方针。

✿ 培养女孩良好的生活习惯和教养

① 休息日也要早睡早起，拒绝“赖床”

让女孩养成早睡早起的生活习惯是非常重要的，这是培养女孩意志力的第一步。进入社会工作以后，能够坚持每天早起、做事严格自律的人也更容易赢得别人的信赖，自然也会更容易获得成功。

无论女孩还是男孩，如果意志力薄弱，做事情就很容易半途而废，自然也就很难取得成功。

在花丸学习会，我们也遇到过不少拒绝上学或闭门不出的孩子。我发现这些孩子在初高中时一般都会沉迷于电脑游戏、网络或手机，过着昼夜颠倒的生活。而且时间一长，他们还会经常以头疼或者犯困为理由，“今天不想上学了，那就休息一天吧”，从而陷入浑浑噩噩的状态。

习惯于这种昼夜颠倒的孩子，长大以后也很容易变得懒散不上进。这样的人即便进入社会，也会三天打鱼两天晒网，做事漫不经心，自然很难得到上司的重用。

在花丸学习会，我们非常看中员工的意志力，也会在这方面对新员工进行测试与考验。

没有办法坚持早起的人，面对这种考核，总会抱怨“太难了”“我做不到”。

孩子迟早有一天要自己独立面对社会。从这种意义上来说，在 10 岁之前培养女孩良好的生活习惯是相当重要的。在年幼时，可以让孩子多参加一些活动，养成早起的习惯，这会对女孩今后的人生大有裨益。

另外，即便女孩在青春期会出现叛逆，有一段时间会处于“浑浑噩噩的状态”，但她将来会经历恋爱、结婚、生子等人生阶段，在这些人生转折点，女孩会为了自己所爱的人做出改变。这是因为人往往不是为了自己，而是为了别人而做出改变的。

总之，在女孩小的时候，一定要培养她早起的生活习惯，千万不要跟孩子说：“今天是休息日，就晚点儿起床吧。”

② 女孩也要具备“基本的体力”

每个人都应该具备基本的体力。

一个总是请假的人，是无法干好本职工作的。据我所知，凡是在职场意气风发的女性，没有一位会经常请假。

对于那些工作能力很强的女性，人们总会很诧异：她们的无限精力到底是从哪里来的呢？

当然，精力充沛是一方面，更重要的是因为她们具备了“基本的体力”。这里的“基本的体力”不是指专业运动员或运动高手的极限体能，而是指“基本的体力”。

如果女孩在初高中时能够顺利完成社团活动，就大体上具备了这种“基本的体力”。如果做不到这一点，一般来说，这些孩子将来在参加工作后请假的次数也会比较多。

这种耐力或不畏疲倦的体力极其重要，是做好工作的基本要求。因为一旦开始工作，难免会有一两天加班熬夜、连续出差的情况。即便是女性也不例外。

特别是当女性成为妈妈后，在刚生完孩子后的一段时间或孩子生病住院时，肯定无法好好休息。

也就是说，我们在人生中总会有很多次“非常时刻”，需要我们不眠不休地咬牙坚持。

此外，像自然灾害等危急时刻更是如此。因此，每个人都必须具备适当的体力，以备不时之需。而且，为了女孩的将来着想，我们要让她从小开始锻炼。因为这种“基本的体力”归根结底是一种自我管理能力。

具体来说，我们先要锻炼女孩有良好的脚力。进入社会工作后，我们基本都是坐在电脑前办公，很少有时间运动。在女孩小的时候，应该让她多走走路，或者跑跑步。这点非常重要。

据统计，东京大学的学生都很擅长跑 1500 米，这让我很意外。

跑步能很好地锻炼一个人的意志力。意志力强的孩子在学习时，有时候明明已经非常困了，也会为自己加油打气，告诉自己：“还差一点，马上就完成了！”坚持做完最后一道题。这样日积月累地付出比别人更多的努力，实力自然也会变得越来越强。

即便是头脑非常聪明的人，也需要具备基本的体力和坚韧不拔的毅力。

如果孩子一回到家，马上拿起玩偶或是看起漫画书来，不少妈妈就会想：“这孩子怎么这么懒散！为什么不去学习啊？”特别是在城市生活的孩子，妈妈尤其要注意平时应该有意识地多给他们创造外出玩耍或活动身体的机会。

因为孩子的基本体力与学习能力直接挂钩。

而且，据心理医生所说，从一个人的站姿和走姿，就能大

女孩要具备克服各种困难的基本体力。

致判断他是否患有忧郁症或精神分裂症。从我自己多年工作在教育一线的经验来看，通过孩子走路、蹦跳的姿势，基本就能知道这个孩子的意志力有多强。

活动身体是每个孩子都能做到的。各位妈妈可以在女孩年幼时鼓励她多去外面玩耍，等上了初高中，也要鼓励她坚持参加社团活动。

总之，多让孩子活动腿脚能够锻炼孩子的意志力，而多让孩子活动手指能锻炼孩子的思维。

③ 父母带头做榜样，让孩子学会主动与别人打招呼

从幼儿期开始，学校就会教孩子主动与别人打招呼，并明确要求孩子在一周或一个月内学会这种良好的礼仪习惯。可见孩子能够与别人主动打招呼的重要性。

直到孩子迈入社会后，才会真正地体会主动与别人打招呼的重要性。

比如，如果对接业务的员工在初次与客户见面时，礼仪周全，客户就会想："应该可以和这个人打交道。""把业务交给他应该没问题。"而且在面试时，如果面试者谦逊有礼、落落大方，最终被录取的概率也会更高。

在花丸学习会，我们创造了一个新词"和颜行礼"（和颜悦

色地大方行礼）。每次给新员工培训时，都会跟他们强调这个词的重要性。我们在向对方问好时，一定要走到对方面前，目视对方并认真行礼。多年的经验让我明白一个道理，对别人行礼时敷衍了事的员工，之后也很难有所发展。但不少员工却不够重视这一点。

因此，在女孩小时候，我们教她和别人打招呼时，并不是要跟她说："快说'你好！'"而是要引导孩子："你应该说什么呀？"只要我们不厌其烦地教导孩子，孩子总有一天能够学会。

我们还可以对孩子说："主动跟别人打招呼是很重要的哦！你看那家店的店员就很会招呼客人呢。"这样多说几次，孩子自然就心领神会了。

孩子可能会觉得跟别人打招呼"很难为情"或是"太麻烦"。但只要迈出第一步，以后打招呼就会非常顺利了。但对于不愿与人接触、胆怯的孩子而言，与人打招呼却是一个大难题。

面对这样的孩子，家长要做的不是替孩子辩白："这孩子内向、怕生，不太会打招呼。"而是要不厌其烦地耐心引导并鼓励孩子开口。

因为人生在世，与人打交道是我们必须学会的一项社会技能，远比好好学习更为重要。

经常运动的孩子一般语言表达能力也比较强，他们说起话来会滔滔不绝。他们会大声地跟别人打招呼："您好！"大人们也会非常喜欢他们。

“他们很喜欢我呢！看到我也很高兴呢！”这种成就感，就是孩子勇于打招呼的动力。

想要改变孩子胆怯的性格，妈妈、爸爸等亲近的家人可以以身作则，主动与别人打招呼。这样孩子耳濡目染，慢慢地自然就学会了。

④“知礼仪、守规矩”，从模仿开始

在花丸学习会，我们很重视一件事情。

那就是孩子一定要把自己的鞋摆放整齐后再进教室。只要有一双鞋没摆放整齐，老师就不开课。把一双小小的鞋摆放整齐看似简单，实则蕴含着深刻的意义。学会摆放鞋是让孩子养成井井有条的好习惯的开端。

婴幼儿期的女孩和男孩一样，只活在当下，只关注自己。

最典型的例子就是有时女孩会盯着某个物体或某个人看，压根不会在意对方会怎么想，也不会意识到对方也在看自己。

学好礼仪规矩的基本，就是能够关注他人。

对于只关注自己的幼儿而言，最难做到的莫过于把东西收拾整齐，放回原位，让其他人更方便拿取。因此，父母可以从“模仿别人”“整齐地摆放鞋子”等最简单的事情开始训练孩子。

父母等亲近的家人带头做好榜样，孩子就能学会主动与别人打招呼。

虽然在大人看来这样的动作很简单，但对于孩子来说还是很难的，父母要不厌其烦地反复教导孩子。

在花丸学习会的课堂上，孩子们会自己把教材拿出来、再放进书包里。班里的每个孩子都能做得很好。前来采访的记者曾非常吃惊地说：“想不到班里的孩子这么早就学会整理东西了！”孩子们之所以能做到这些，都是因为平日里老师严格要求孩子们摆放鞋子，孩子们渐渐养成了良好的整理习惯。

总而言之，对于孩子而言，我们很难让他们主动意识到应该为别人着想。但我们可以从形式入手，引导孩子通过模仿和实际体验来加强这种为他人着想的意识。因此，父母要做到以身作则，不厌其烦地反复教导孩子。

⑤ 从小教孩子使用日历制订学习计划，并严格遵守

孩子大都有很强的正义感。如果身边有人不遵守约定，他们就会说：“你不遵守约定！”“你不讲信用！”可以说，伦理观和正义感是每个孩子与生俱来的。

在成年人的世界里，“没能遵守约定”就等同于“不尊重对方”。对每个自食其力的成年人而言，不遵守约定是一种非常不负责任的行为。我们都很反感不守约定的人。

最典型的例子就是一个人嘴上答应得很痛快，可是无论对方说多少遍，他总会把该办的事情抛诸脑后，或是迟迟不完成，

言而无信。他们总是奉行这样的处事原则："不管怎样先答应下来，要是犯了错，大不了道歉。"几乎每个公司都会有这样的人，但总有一天，他们将会失去自己的立足之地。

在这些人身上，我们根本看不到"一定要遵守约定"的决心。他们早已养成了对反复强调的事情左耳进右耳出的坏习惯。

他们会暗想"时间长了，对方肯定会原谅我的"，根本没有深刻反省的意识。

当然，孩子不守约定，妈妈喋喋不休地斥责孩子也是不可取的。因为不管妈妈怎么训斥，孩子也丝毫不知悔过。他们会想："等时间长了，妈妈总会原谅我的！"

那妈妈究竟应该怎么做呢？

我建议各位妈妈采取以下方法。

方法一：反复询问孩子："妈妈刚才说了什么？"让孩子反复地回答。孩子回答后，再进入下一步。

方法二：只在孩子做得很好时给予肯定和表扬。对孩子做得好的地方给予肯定，鼓励孩子继续努力。

下面就是一个很好的例子。

在花丸学习会里，有些孩子总是无法在老师要求的日期提交作业。正读小学三年级的小 S 就有这样的问题。

一开始，小S的妈妈每周都会跟老师倒苦水：“不管我说多少遍，小S就是不做作业！”渐渐地，连爸爸也对小S不做作业的问题大为恼火：“你这个不靠谱的孩子！要是再不做作业，就别去培训班了！”每堂课后，老师都会把小S单独留下，和她一对一地谈话，但仍然没有任何效果。

于是，我向他们提出了使用日历制订学习计划的建议。

【具体方法】

1. 用孩子喜欢的颜色的纸打印一份日历。
2. 和孩子一起定下每天写作业的时间段，并清楚地标记在日历上。

【注意事项】

· 如果孩子当天按时做作业了，就在对应日期的空白处贴上小红花。

· 如果孩子当天没有按时做作业，那就什么都不要标记，妈妈也什么都不要说。

· 妈妈只需要在孩子按时做作业的那天，表扬孩子：“你今天按时做作业了，妈妈非常高兴！”

小S的妈妈每天坚持只说正面话语，一周后她妈妈高兴地对老师说：“之前我嘴都说破了，她也不肯写作业。想不到这周，她每天都按时写作业呢！”从那之后，小S发生了神奇的转变，她每次作业都写得很好，也非常愿意写作业，学习成绩得到了很大的提高。她的父母对此非常感激。

优秀的孩子都有个共同特征：希望得到别人的表扬，能够积极主动地做事情。在兄弟姐妹比较多的家庭中，最典型的例子就是哥哥每天被妈妈喋喋不休地指责，妹妹看到哥哥的模样，便长了个心眼：“我绝对不能那样做！”然后努力规避哥哥的行为，每次都能得到妈妈的表扬。

但有些孩子无论妈妈怎么说，就是做不好。那是因为他们的家庭陷入了这样的恶性循环：妈妈喋喋不休，孩子屡教不改。

遇到这种情况，我们就可以使用日历，具体标记出希望孩子去做的事情。妈妈还要注意坚持和孩子正面沟通，只在孩子做得好的时候及时表扬孩子。这样孩子就会慢慢树立起自信。

10岁之前是孩子通过模仿别人养成守约好习惯的重要时期。因此，在女孩10岁前，家长可以通过每天的实际行动和话语，反复向她灌输“我们要做好每一件事”的观念。

✿ 女孩也要有不服输的精神

我的恩师经常教导我："一定要培养女孩不服输的品质。"当孩子长大成人参加工作以后，只有具备不服输的精神，才能出色地完成公司分派给自己的工作。而且，唯有这样，在工作中遇到困难和艰辛时，才知道如何调整及控制自己的情绪。一味逃避，总是抱怨"我不想做了"的人，终究只会一事无成。

孩子在一生中会面对各种各样的磨砺和考验。家长要明白：这些痛苦的经历最能促进孩子成长。只有不断地经历各种挫折，并努力克服它们，孩子长大成人后才能在社会上站稳脚跟。

孩子在学校或家附近，和其他小朋友发生点小摩擦是家常便饭。让孩子自己处理这些摩擦，也是他以后独立生存的必经之路。作为家长，我们要做的不是教孩子如何避免被他人欺负，而是要告诉他们即便受到欺负，也要有强大的内心去奋勇反抗。可以让孩子在一次次成功的体验中，慢慢树立起自信。这样一来，即使孩子身处逆境，也会自我鼓励："我没事的！我一定能行！"

不甘心的泪水会让孩子变得更强大

说起女孩流泪，我不由想到了夏令营中的一件往事。

有一个叫小 R 的小学三年级女生，总是不知道如何与别的孩子相处。她在和别人聊天时，总是不知道应该何时接话；别人问她问题，她也总是答非所问。她的妈妈为了锻炼她，怀着十分忐忑的心情让她参加了夏令营，夏令营里都是和小 R 差不多大的孩子。所谓的"锻炼"其实就是"受欺负"，让她在残酷的现实世界里接受磨炼和挑战。

在小 R 所在的小组里，有一个四年级的女王范儿十足的女生。她很照顾学弟学妹，但说话比较凶。因此，学弟学妹们跟着她虽然心里很踏实，但也本能地害怕自己成为被"教训"的对象。而小 R 总是磨磨蹭蹭，自然被斥责过好多次。其他孩子总是和小 R 保持距离，对于一些针对她的恶作剧也都随声附和。

比如，在排队时，一些孩子就会跟小 R 说："你站到最后面！"在玩"不倒翁跌倒了[①]"的游戏时，他们也会故意限制小 R 的步幅大小，让她一直当那个抓人的人。玩"捉迷藏"的游戏时，

注①：类似于"123 木头人"的游戏。

也会让小 R 一个人抓五个人。小 R 总是当小鬼，有时很累想休息一会儿，其他人就会捉弄她："这个游戏可不能缺小鬼哦！"

就连一直奉行"孩子们间的小打小闹可以促进孩子成长"的领队老师也觉得其他孩子有些过分了，就警告他们："你们制订的游戏规则如果不能让每个孩子都乐在其中，那就不好玩了。"这时，领头的孩子满是不忿，便和小伙伴们改玩其他游戏了。

那天晚上，小 R 哭着跟领队老师诉说自己的委屈。领队老师紧紧地搂住她，安慰道："老师知道啦，今天你一定很难受吧！不过你能够一直忍着，说明你是个非常坚强的孩子！"

听到这些话，小 R 重重地点点头，又回到与其他孩子一起玩的房间，顺利融入集体。

这个例子很好地展现出了女孩坚强的一面。

在这种孩子间相互欺负的事件中，欺负别人的人固然不对，但其实女孩早已在这样的人际关系中学会坚强。因为在女孩的小圈子里，每个人都会轮流成为被欺负的对象。而且，被欺负的孩子虽然觉得委屈，会哭泣，但内心也足够强大，并没有被这种欺负吓倒。她只要向自己信赖的人倾吐自己的委屈，而对方又能完全理解她，她就会重新振作起来。

虽然受到了欺负，但正是在这种残酷的现实中，女孩才会越挫越勇，内心变得越来越强大。

✿“我做到了！”这种成就感会让女孩更加自信

只要孩子在幼年时有过“尽情玩耍”和“忍耐”这两种体验，成就感就会越来越强。对于我自己来说也是这样，每当回忆起自己的幼年和少年时光，让我感到非常有成就感的莫过于“幼年时的玩耍”和“青春期的社团活动”。

我们先从“玩耍”说起。

孩子只有在10岁之前，才能获得“全心投入、尽情玩耍”的体验。换言之，只有在年幼玩耍时，孩子才能体会到这种沉迷其中的感觉。

爱玩耍是孩子的天性，家长有必要支持并呵护孩子的天性。因为玩耍的过程，也是孩子按照自己的节奏做成某事的过程。

比如，当孩子在玩积木时，他会先思考：“我到底能把积木垒多高呢？”接下来，他就会一次又一次地不断尝试与挑战。

因为这件事情是他自己决定要做的，他肯定会竭尽全力去做好。这就是“玩耍的意义”和“专注的本质”。

而且，对孩子来说，认真地把某件事做好，这样的经历越多，他的内心就会越愉悦。这就是所谓的成就感。这种感觉只有经历过的人才能深有体会。

有时到吃饭时间了，孩子还在埋头玩耍，大人会忍不住斥责：“你要玩到什么时候啊！”但这种全神贯注的态度其实是值得称赞的。不过对于家长而言，给年幼的孩子制订日程安排，并让孩子严格执行，的确是件无比困难的事情。

需要注意的是，虽然孩子全神贯注是一件值得被肯定的事，但如果是沉迷游戏机或手机，那就得及时制止了。等孩子上小学后，最主要的就是让孩子多活动身体，刺激孩子的五感，多让孩子去户外活动。即使每天重复地玩“捉迷藏”或“警察抓小偷”的游戏，孩子也能在玩耍的过程中不断提高自己的跑步或“逃跑”能力。

而这些能力与孩子的智力息息相关。孩子能够尽情地玩耍，直到筋疲力尽。这样的孩子，从青春期开始专注力会更强，也更容易进行深入的思考和研究。

他们在遇到问题时会想：“我一定要找出办法！”“一定会有解决办法的！”“我最讨厌说自己办不到了！”“我可不想说自己已经累了！那样太丢人了！”

所有这些不屈不挠的想法，都是孩子在尽情玩耍中积累的经验。因此，尽情玩耍可以让孩子获得成就感、培养自信。

另外，“忍耐”也是孩子获得成就感必不可少的经历。

我在高中时加入了学校的棒球部。而正是棒球运动，让我学会了在遇到困难与艰辛时，坚强勇敢地去面对。在玩棒球时，我们会一直跑、一直跑，有时候觉得自己“真的再也撑不住了”，但一年后回想起以前的自己，就会想：“那个时候我真是太弱了！”

人在一生中会经历很多坎坷与挫折。如果在困难面前退缩不前，不能迎难而上，就无法体会克服困难的成就感。这样，以后一旦遇到一点挫折就很容易一蹶不振。

相反，如果一个人有过成功克服困难的经历，当他再次遇到困难时，就会鼓励自己：“那个时候我都能咬牙挺过难关。现在虽然痛苦，但我相信我一定能再次攻克难关，拥抱未来崭新的世界。”这种想法对于一个人的人生非常重要。

即便孩子又哭又闹，也要让他练字

在孩子小学阶段的学习过程中，有种方法可以培养孩子的“忍耐力”和“成就感”。那就是“练字”。让孩子一笔一画地练习并记住每一个汉字，是每个孩子必备的能力之一。从我接触过的上千名学生来看，练字对一个人的人生有着深远的影响。

成就感是女孩自信的源泉。

我认为让孩子在家练习写字是提升孩子学习能力最经济、最有效的方法。

即便孩子哭闹不愿意，也要想办法试着让孩子去练字。为什么这么说呢？因为只要孩子努力练了，就一定能学会；随着不断的练习，孩子的字也会写得越来越漂亮，还能得到别人的称赞，从而增强自信。到那时，孩子就会明白并感谢父母当初对他严格要求、让他练习写字的良苦用心。

因为像算术之类考验孩子思考能力的题目，有些女孩即便非常努力，也可能还是会不得其法。如果父母强迫孩子做这样的练习，只会让孩子越来越抵触。

但练字不一样，孩子心里很清楚："只要努力，就一定能学好。"

如果写十遍不行的话，那就写二十遍；如果写二十遍还不行，那就写三十遍。会写字的时间因人而异，但每个孩子都能做到。

家长一定要注意，一旦孩子开始练字，如果他撒娇说"今天好困啊"或"今天我还要去 × × 呢"，大可置之不理。孩子在升入小学高年级后，就不愿意再听家长的话了。因此，一定要在孩子小学低年级时就给他灌输"写好字是理所当然的，是一种文化传承"这样一种观念。

在花丸学习会，我们专门设立了一个“花丸汉字测试”的考试项目。

我曾听花丸学习会的一位学生家长说：“要是哥哥小时候也来花丸学习会学习就好了。”他们家的小女儿因为“花丸汉字测试”的考试，非常努力地学习汉字，于是认识了很多汉字，字也写得不错。而哥哥这方面就要差好多。这位妈妈还说：“她哥哥现在上初中了，英语单词也总是学了就忘。”

写一手工整的汉字，是一个人最基本的能力。孩子在练习写字的过程中，会锻炼忍耐力，获得成就感。这些经历会让孩子在今后的工作、学习以及生活中受益良多。

✿ 女孩要有自己的拿手本领

让孩子拥有至少一项自己的拿手本领，这对家长来说是一项重大任务。这种独特的本领会成为孩子立足社会的核心竞争力。

在上幼儿园时，只要求孩子能够做到认真地听别人讲话就不用担心他的学习。因为孩子上小学时，只要在课堂上能够认真听讲，就一定能学会老师讲的知识点。

而在小学阶段，应该为孩子制订这样的目标：在毕业前拥有一项自己的拿手本领。

孩子需要具备一项“看家本领”，哪怕只是一个很简单的项目，即便在初高中时这项拿手本领会改变。比如，擅长跳箱，单杠很厉害，擅长书法、芭蕾、拉丁或钢琴，会折纸，会画画，跑得最快，游泳很棒……

至于孩子是否在班级中名列前茅反而无关紧要。最重要的是在班里有自己的一席之地，能在某个领域得到其他同学的称赞。

当然，如果孩子擅长小提琴或口琴等其他孩子不会的乐器，那也是不错的选择。

我至今仍然记得曾经教过的一个初中女生小 T 在中考时说的话。

小 T 在中考前一周的模拟考试中，把自己最擅长的数学试卷做得一塌糊涂，简单的题都错误连连。我不禁问她："你怎么考成这样？没什么事吧？"小 T 只回答了我一句："老师您不用担心。我非常有把握在中考时认真应考，正常发挥。这次模拟考试我是故意松懈的。"

小 T 在小学时曾在全国的钢琴比赛中荣获亚军。她能够倾尽全力做好一件事，并获得好成绩，这一点就非常厉害。果然，在离中考还剩一周的时间里，她集中精力一鼓作气，最后顺利考上了被称为日本最难进的私立高中——开成高中。

当孩子为做不到找借口时，家长不妨严厉斥责

世上有很多事情，只要集中精力坚持去做，总会成功。孩子做不到，一般是因为他在事情做到一半时就开始找各种理由放弃了。在我看来，这种散漫的态度是非常不可取的。"办不到""不擅长"很多时候只是畏难心理在作祟。

很多家长看到自己的孩子在做某事非常不擅长时，也容易脱口而出："到底是我生的，没有这个天赋啊！"其实这种态度是极其错误的。家长应该在孩子为自己找不会做的借口和理由时，就警告孩子。如果有必要，甚至可以严厉斥责。

家长在孩子年幼时所能做的，就是支持并鼓励孩子做自己感兴趣的事情。因为很有可能孩子的这些兴趣会成为他的拿手本领。而孩子的拿手本领很有可能就会成为他步入社会后的核心竞争力。

面对欺负，女孩要学会回击

我在小学五年级时也曾被别人欺负过。

从年幼时开始我就因为自己的头比别人大而苦恼不已。上小学时，学校的同学都会佩戴红白相间的体育帽。可我总是买不到适合自己头部尺寸大小的帽子。其他同学便嘲笑我："整个熊本都找不到适合你的帽子！"

因为头太大，帽子太小，我只能让帽子勉强戴在头顶。不过，直到小学四年级时我都没有因为头大而遇到任何麻烦。

但是，一到五年级，我身边的一些同学就开始欺负我了。

班里的同学给我起了个外号叫"大脑袋"。我开始变得胆小自卑。因为这也是我自己一直比较在意的一个心病，于是我选择了逃避："他们终于还是开始取笑我了！"

从那天开始，学校成了我最不想去的地方。

每天来到学校，只要我推开教室的门，班里的同学就会站起来嘲笑我："大脑袋来了！"就连我一直暗恋的小 R 也在其中……

一直无忧无虑的我，突然问自己："我到底为什么要活着？"回家途中经过一座桥时，我甚至无数次地想："干脆从这儿跳下去一了百了算了！"

但转念一想："我要是死了，妈妈该多伤心啊！"这样想着，每天都郁郁寡欢。每天放学，我看到妈妈和弟弟妹妹们都一如既往地在门口迎接我，我们一起嬉戏玩闹，不知不觉我就把白天受到欺负的事情抛诸脑后了。

就这样，我每天在学校度日如年，可回到家总是能够元气满满。日子一久，我竟变得越来越坚强，对这种欺负也熟视无睹了。

虽然每天班里的同学仍然会嘲笑我，但我却能够冷静地观察各位同学的举动了："今天 Y 君好像起立晚了些。"

后来，有一天，我被推举为学生会副会长的候选人。在进行竞选演讲时，我突然灵光一闪："我就是那个头很大的高滨。"我像这样介绍自己后，朝大家鞠了一躬。这时，我的头碰到麦克风，发出嗡嗡的声响。全校学生爆笑不止。

可奇怪的是，从那天开始，再也没有人嘲笑我了。因为我把大头当成笑话讲给别人听，他们也就再也没有必要因为这件事嘲笑我了。

孩子被欺负时，父母能做些什么？

当我成为一名教师后，有不少学生家长都来向我咨询有关孩子被欺负的问题。在这里，我想和各位家长分享一下在孩子被欺负时，家长应该做的四件事：

① 只要没有对孩子的身体造成伤害，建议家长不要把孩子间的欺负扩大化。最不可取的就是一发现孩子受到欺负，家长就立即给学校老师打电话。如果欺负方发现孩子告密，很可能会变本加厉，在背后使坏。就算没在背后使坏，这样冷冰冰地处理过后，孩子们就再也无法做朋友了。

② 家长能做的就是相信自己的孩子，给孩子一个随时可以依靠的温暖的家。如果孩子愿意讲，家长不妨耐心倾听，但千万不要刨根问底："你是不是被人欺负了？"这样会让孩子的自尊心大受打击。

我在小学被欺负时，妈妈虽然有所察觉，但在我面前只是轻描淡写地说了句："妈妈只希望你开心就好。"然后把我紧紧地拥入怀中。那个场景让我至今记忆犹新。我虽然在外面受到了欺负，但同时也得到了磨炼和成长。回到家后，妈妈也总是无声地陪伴我，支持我，每每想到这些，我的内心就充满了力量和勇气。

③ 性格懦弱胆小的孩子往往容易成为被欺负的对象。如果孩子一直受到别人的欺负，可以教她多多练习强势的警告，比如：“住手！”也就是说，要教孩子学会用明确的态度和言行来回击别人对她的欺负。

在孩子不断受到欺负的过程中，她们的内心会变得越来越坚强。一般来说，十五岁之前，孩子都能学会自如地应对被欺负的问题。

我在初一时曾经因为某些小事被全班同学孤立过一段时间。不过因为有了小学的经历，我对被欺负已经有了很强的免疫力，所以根本没当回事，反而暗想：“这些人可真无聊，尽管放马过来吧！”只要内心足够强大，任何人都伤害不了自己，欺负也会不了了之。后来证明也确实是这样。不知从何时开始，我的朋友就多了起来，也就没有人再欺负我了。

④ 内心强大、充满自信的孩子，一般不会成为被欺负的对象。从某种意义上来说，我强调让孩子在小学时一定要具备自己的拿手本领，也是基于这个原因。

不管在什么样的社会里，即便长大成人，被欺负的问题也都存在。就算是好朋友，也忍不住想捉弄或欺负对方。

作为家长，我们要做的不是在孩子受到欺负时忽视及逃避，而是要接受欺负的存在，并教会孩子如何应对，把孩子培养成一个在受到欺负时能够勇敢回击、内心强大的人。

让孩子有一技之长，这样她在受到欺负时，就能以自信回击。

✿ 坚决不给孩子买不需要的东西

法国启蒙思想家卢梭在他的著作《爱弥儿》中写道："你知道用什么方法一定可以使你的孩子成为不幸之人吗？那就是对他百依百顺。"

给孩子买不需要的东西，只会给孩子带来不好的影响。不光是父母，有些祖父母也有同样的问题，每次带孩子去商场或超市，总是看到什么就给孩子买下来。

给孩子买不需要的东西，说明父母没有坚持"不行就是不行"的原则，对孩子只知道一味妥协。

父母"坚持原则和立场"的态度，是孩子健康成长不可或缺的。对孩子而言，原本不需要太多的身外之物。如果父母拼命地给孩子买东西，渐渐地孩子想要的就会越来越多。

此外，我希望各位家长要重视"孩子压岁钱的使用"以及

“给孩子多少零花钱”这两个问题。

我个人认为，孩子在小学阶段并不需要零花钱。如果孩子有急用，可以让他直接告诉家长。

最不可取的莫过于家长向哭闹不止的孩子妥协：“好吧，今天就由你一回！”

因为只要家长迁就了孩子一次的任性，孩子就会得寸进尺，他会想：“只要我不依不饶，身边的人就会依我了。”一旦进入社会，孩子的这种想法就会被现实击得粉碎。因此，家长千万不能助长孩子的这种恶习。

我听说有个小女孩对她的父母说：“我并不怎么想要这个东西，可我只要稍微撒娇或者闹脾气，你们就给我买了啊！”她一边说一边对父母拳打脚踢。

通过这个例子，我们也能看到，给孩子买不需要的东西，对孩子有求必应，只会让孩子越来越贪心，越来越难以满足。这样从小被纵容的孩子进入青春期后，一旦误入歧途，到时候就谁都无能为力了。

父母要明白什么才是真正为孩子好

下面我再举一个正面的例子。

有一个小女孩，她从小学一年级到六年级，每年都会参加两次不同主题的夏令营。参加夏令营的费用当然不低。于是我对她说："每年你都来参加两次夏令营，谢谢你和你的父母对我们的支持哦！"这个女生的回答让我至今难以忘怀，她说："我妈妈其实很抠门的，但她却跟我说'花丸学习会的夏令营很不错，能够锻炼人，妈妈愿意在这上面花钱'。"

女孩告诉我，她妈妈还对她说："你可以把压岁钱攒起来，这样你明年就能参加冲绳夏令营了！"然后她又说："我一直在攒钱呢！"听到这些，我心里既开心又惶恐，同时也对这位妈妈教育孩子的方式感到钦佩不已。

这位妈妈不会随便给孩子买不需要的东西，但在真正对孩子好的事情上花钱却毫不吝啬。家长的这种坚持原则和立场的态度才是促进孩子身心健康成长的最好的教育方式。

小女孩都喜欢收集一些五颜六色的可爱小物品。

比如文具，有些女孩会收集几十种颜色的记号笔。而男孩则一般不会。女孩最喜欢看到小伙伴在看到自己藏品时惊奇的表情："咦？我还没有这个颜色呢！"

小女孩也很喜欢金银丝线等光彩夺目的小物品。这种爱好和成年女性喜欢收集戒指、鞋子、包包的爱好如出一辙。她们非常享受这种收集东西的过程，觉得这些物品就是她们的朋友和财富。

喜欢收集小物品，是女孩的可爱之处。但如果发现孩子有过分依赖物品的苗头，家长就要多加重视了。因为这样的女孩在成年后可能会买各种名牌来炫耀。我建议家长在给女孩买东西时，不妨先想想：“孩子真的需要这些东西吗？”

给孩子买东西要适可而止。

Column 妈妈应该如何批评孩子?

有一个话题，我在每次演讲时以及每本著作中都会提及。

那就是在育儿过程中，该如何批评孩子？这是每个妈妈都会面临的大难题。

“要我说多少遍你才能明白？”“我早就跟你说过了！”不少妈妈在批评孩子时，总是忍不住提高嗓门说些这样的气话。

在育儿过程中，当孩子顽皮淘气，或者不能辨别危险，做了不该做的事情时，妈妈难免会批评孩子。

我想和各位妈妈分享一下如何批评孩子才更有效。

批评孩子时应遵循以下三个原则：

① 语气严厉。

② 语言简短。

③ 就事论事。

很多时候，即便妈妈扯着嗓门一顿训斥，孩子也未必会听进去。因为幼儿的注意力只有三分钟左右。

而且，男性大喊一声“喂”会让人很有压迫感，但如果女性猛地大声斥责，声音高出八度，听上去就会过于尖锐或刺耳。

因此妈妈在批评孩子时，不妨尝试用我的恩师曾经教过我的女性特有的方式去批评孩子：

① 一对一。

② 放低声音。

③ 语气温和而坚定。

④ 认真且严肃。

我们都知道，妈妈的拥抱对于孩子而言很重要。当妈妈紧紧抱着一个孩子时，如果有弟弟妹妹，他们也会凑过来让妈妈抱，这样孩子自然无法得到满足。同样的，“一对一”地批评孩子也很重要。如果妈妈在批评孩子时，旁边有其他孩子插上一句的话，那批评的效果就不会很好。

“放低声音”与“语气温和而坚定”的相同之处在于妈妈在批评孩子时要让孩子感觉到妈妈与平常不同。

如果妈妈平时喜欢提高嗓门大声斥责：“你这孩子，在干什么呢！”这时不妨展示一下自己的表演才能。妈妈可以放低声音，严肃地叫孩子的名字：“小智，你过来一下。”然后一言不发，将他带到其他房间。

批评孩子时，最重要的是要“一本正经”。等孩子到了小学二三年级，一看见妈妈快要批评自己了，就会马上找个借口来转移妈妈的注意力，比如会说：“呀，妹妹哭啦！”

妈妈这时一定要做到沉着冷静，不为所动。因为批评本来就是家长看到孩子的错误行为后，为了他的未来着想，对孩子进行的教育。这绝对不是家长肆意发泄个人情绪的时候。

而且，家长在批评孩子时，切忌跟孩子翻旧账：“你上次也是这个样子！”因为孩子只活在当下，所以家长一定要记住只针对孩子刚才的某个行为做出明确的批评。

如果一直很疼爱自己的妈妈突然表现出一副“你这个样子我很不喜欢”的认真表情，孩子的内心肯定是害怕的。即便是任性妄为的女高中生，面对妈妈一本正经的批评时，也会紧张不已。批评孩子时，就是要让孩子有害怕和紧张的敬畏之心，否则很难奏效。

不过每个妈妈都不是圣人，难免会在心烦意乱时扯着嗓子大声训斥孩子。这也是在所难免的。

当妈妈大声呵斥孩子后，也不必在夜深人静时为自己白天的行为而懊恼不已。

妈妈可以这样安慰自己：“我只是偶尔大声呵斥一下，以后肯定会多加注意。”妈妈只有对自己宽容一点，才能以更加平和的心态对待孩子。

第3章

面对青春期女孩，妈妈应该如何应对？

我在第一章中介绍了女孩独有的特点。

在本章中，我将向各位妈妈介绍“女孩进入青春期后，妈妈应该如何应对”。

为什么我会介绍这方面的内容呢？因为我见过不少妈妈和女儿，在女儿小时候母女两人的关系还算融洽，但女儿一进入青春期，母女两人的关系却变得十分紧张。

我将从以下几个方面具体来讲：女孩青春期时妈妈容易陷进的困惑；女孩进入青春期后，妈妈该如何灵活应对；小学五年级后，妈妈应该和女儿聊聊哪些“闺房话”等。

我们先来看一下女孩在青春期时，妈妈和女儿之间容易出现的问题吧。

✿ 女孩青春期时妈妈容易陷入哪些困惑

在一次演讲结束后，有位妈妈走过来向我咨询她的育儿烦恼。

“自从我生了儿子，才发现原来小孩子还是很可爱的啊！为什么他的姐姐小时候一点都不可爱呢？”

一番沟通后，我问这位妈妈：“不知您小时候和您的妈妈关系怎么样呢？您妈妈是不是只疼爱您的弟弟呢？”听到这话，这位妈妈突然睁大眼睛，失声痛哭道：“现在想来，好像真的如您所说！”

身为家长，我们总是努力想让自己在育儿方面做得更好。但大多数人从未想过，自己过去的经历也会对育儿产生影响。

举个非常常见的例子——育儿模式也会遗传。

在育儿过程中，不少妈妈并不想成为跟自己妈妈一样的人，但又总是会重蹈自己妈妈的覆辙。

不少妈妈都跟我说过这样的心里话："在我小时候，我妈妈也对我做过这些让我觉得很不喜欢的事情。可我现在又开始对我自己的孩子做着同样的事情。这让我很厌恶自己。"

我在第一章中也曾讲过，对于女儿来说，妈妈是女儿的榜样，也是她的人生指南。妈妈会从各个方面影响自己的女儿的人生："妈妈是这样生活的，你将来也要这样生活……"

女孩在继承妈妈优点的同时，也会继承妈妈的缺点。而且可怕的是，从自己妈妈身上所继承的负面的东西，很容易再次传给自己的女儿。

不过即便如此，女性与男性不同，女性无论何时都能够获得精神独立，并具备结婚的能力。

但这种负面的连锁反应终究会体现在自己今后的育儿过程中。

当今社会"丧偶式育儿"的现象比较普遍，妈妈们经常手忙脚乱，因此在遇到一点小事时就容易烦躁不安，甚至歇斯底里，还容易过度地保护自己的孩子。

我再讲得稍微具体一些。

我们花丸学习会配有专门的心理医生。这些年，总是会有一些前来咨询的妈妈，她们过去的经历就如同魔咒般深深地影响着她们的育儿方式。下面，我将列举三个具有代表性的案例。

案例 1 妈妈过度干涉，女孩才没有朋友

记得有个初中二年级的学生小 A 和她妈妈来学校参加三方面谈。小 A 在进入房间的那一刻，给我的第一印象是可怜兮兮的，我觉得她在学校肯定会受到欺负。

小 A 看上去无精打采，她耷拉着脑袋，沉默不语。这种模样最容易成为其他孩子的欺负对象。

孩子年幼时，即便非常胆小，旁边的人也会伸出援手。但进入青春期后，这种胆小的孩子就不再惹人爱怜。如果别人跟她打招呼或产生争执时，孩子总是胆怯地低下头，那周围的人肯定会觉得她好欺负。询问情况后发现果然不出我所料，小 A 因为被别的孩子欺负，拒绝上学和割腕已是家常便饭。

小 A 的妈妈是那种大事小事全替孩子包办的人。她经历过数次流产的痛苦，好不容易才生下小 A，因此视女儿为掌上明珠，真是含在嘴里怕化了，捧在手里怕摔了。凡事都替她考虑周全。

最明显的一点就是本来是两个人一起来参加面谈的，结果全程都只有小 A 的妈妈在说话。

每当我问小 A："这件事情是 ×× 样的吗？" 回答我的都不是小 A 本人。她妈妈总是替她回答："那个时候……事情是这样的……"

这就是典型的干涉过度、保护过度。

10岁以后，不管是女孩还是男孩，都应该开始拥有一些不被父母知晓的秘密。这才是正常的亲子关系。尤其是女孩，如果整天黏着妈妈，对妈妈言听计从，这绝对不是一种正常现象。

我跟这对母女聊过几次后，曾收到过一封来自小A妈妈的信。整整十页信纸上密密麻麻地写满了小字。

事情是这样的。因为学校有活动，小A难得去上学，但在回家路上却遭到几个坏心肠女孩的围攻："你来干什么？看见你就烦！赶紧给我滚开！"

小A妈妈在信中详细再现了当时的情景。小A从学校出来准备回家，在出了校门拐弯时，碰到了那几个女孩。于是小A转身朝相反的方向走去，结果还是被她们给围住了……

那种身临其境的描述方式，让我不禁纳闷：事情发生时，小A的妈妈到底在哪里？

可见，这位妈妈已经养成了对孩子刨根问底的习惯："然后呢？然后怎么样了？那时候你怎么了？"

青春期的女孩需要在外面得到一定的历练，也应该拥有一些无法对父母言说的秘密。如果妈妈总是一味地过度干涉，女儿便很难真正独立。

在与这对母女沟通的过程中，有时我会问小A妈妈："您是怎样的人呢？您小时候是什么样子的呢？"听到这里，小A

女孩在 10 岁以后，应当开始拥有一些不被父母知晓的秘密。

的妈妈突然失声痛哭。

原来小 A 的妈妈小时候过得并不快乐，对身边的所有大人极其不信任。而且，她一直没有朋友，对此也觉得无所谓，就这样努力地与生活抗争着。

直到她二十岁左右，在最美的年华遇到了小 A 的爸爸。

她本来觉得这辈子也就这样了，忽然收到了小 A 爸爸的求婚："你可以嫁给我吗？"小 A 妈妈仿佛抓住了一根救命稻草，答应了丈夫的求婚。可谁知婚后求子之路太过艰辛。

好不容易终于盼到小 A 出生，小 A 妈妈暗下决心："一定要让这个孩子幸福！"

但小 A 妈妈对孩子的过度保护，让自己的育儿之路非常艰辛。

虽说每个做母亲的人都会不由自主地担心孩子。但每当小 A 和朋友发生点鸡毛蒜皮的事情，小 A 妈妈都会过度地担心。

在之后的咨询过程中，小 A 妈妈不停地哭泣着，并诉说着她自己在孩提时代经历的创伤。

咨询结束后，小 A 对我说："我终于能够对别人说出自己的心里话了！"两个月后，小 A 升入高中，开始和其他人一样正常地上学打零工了。

总而言之，只要妈妈能够从"魔障"中把自己解救出来，孩子的问题也就迎刃而解了。

这里的“魔障”是指“自我封闭意识”。

人是一种不可思议的生物。有时候会亲手把自己推入不幸的深渊。

虽说有些事情只有深陷其中的人才能感同身受。但这样的人一般都会觉得“本来我就是这种 ×× 的人”“本来我就是被 ×× 过的人”，从而把自己牢牢地禁锢住。

如果妈妈一直无法信赖别人，那么她对孩子的人际关系就会非常在意。面对孩子的问题时，总是会从旁过分干涉。这样一来，孩子便很难独立地成长起来。

案例 2 因为妈妈，女孩才没有人喜爱

下面这个例子是二十多年前的事情了。我当时在某个班级举办一场培训班入学说明会。那时的花丸学习会还未被广泛报导，是个籍籍无名的小学校。当时只有一位妈妈来参加了说明会。

那就是小 B 的妈妈。

好不容易来了一位听众，我非常高兴，于是热情地向这位妈妈讲述了学习会的情况。后来，小 B 妈妈成了我的铁杆粉丝，来听过好几次我的演讲。

小 B 妈妈给我的最初印象是一位非常优秀的妈妈，但感觉性格稍微有些阴郁。来听过我的几次演讲后，她的表情渐渐变得轻松愉快起来，这让我深感欣慰。

但遗憾的是，她家离培训学校非常远，还没法让孩子来这里上课。不过等小 B 上五年级后，自己能够独自坐地铁来学校了，小 B 妈妈就让她来上 School FC① 班了。

小 B 给我的印象则是表情有些生硬的孩子。

小 B 妈妈有时会接送她，我也会顺便和她聊几句孩子的事情："小 B 妈妈，最近孩子……"听到这些话，小 B 妈妈就会非常和气地跟我说："原来是这样啊！高滨老师太懂孩子的心了！"

小 B 妈妈这种待人接物的方式让我觉得她就是我在演讲中经常提到的那种**"正能量妈妈"。虽然也会发牢骚，但眼角眉梢总是闪烁着光辉，可以给周围人带来快乐。**

然而，之后某一天发生的事情让我对她的印象突然就发生了改变。

我对那天的事情记忆犹新。那是刚进入梅雨季节的一个闷热的午后。小 B 妈妈难得来接一次孩子。她看到我后立刻朝我走了过来。

小 B 妈妈抬头盯着我，然后说了句："老师，您好像还没看穿我哦！"她说话的口吻和周身的气场把我吓出了一身鸡皮疙瘩。

注①：花丸学习会的"升学培训部门"，旨在培养"爱学习、独立自主"的孩子。

她接着说道：“我原以为您一定会看穿我，于是想着给您点暗示，跟您聊过好几次。可惜您还是没有看穿我呢！”

然后她又说：“后来我把女儿送到您学校，您也没发现我的原本用意。其实我是个酒鬼，而且在小 B 小时候，我一次都没抱过她。当她还是个婴儿时，我哪怕碰一下她的手指都会感觉很恶心。每次喂她吃饭时，我都离她远远的，侧过脸去喂她。直到她的弟弟出生后，我才惊奇地发现，原来小孩子这么可爱啊！”

“我以前一直觉得小孩子是很难缠很烦人的。我忽然非常讨厌以前的自己。想起以前没有好好地疼爱小 B，我心里非常苦闷，就想向别人求助。因此，在前几次和您聊天时，我还暗示过您。而且，我也是在听了您的演讲之后，才开始装出一副‘正能量妈妈’的样子。”

“我还到一位有名的心理医生那里咨询过。跟那位心理医生聊过后，我才猛然间发觉，原来我自己小时候也并不被自己的妈妈待见。我努力地回想小时候的种种，并向医生倾诉后，整个人都轻松多了。”

“在我小时候，我的妈妈对我极其冷淡，只宠爱我弟弟。她都不肯让我坐在她腿上玩。每次我想坐在她腿上，她就一把将我推开，跟我说：‘你去一边儿玩去！’后来，我学习成绩好，才得到了妈妈的表扬。于是我就更加努力地学习。不过回想一下我的初高中生活，身边的朋友都是男孩子，连一个女性朋友都没有。”

“现在我真的很想让时间倒回到小 B 刚出生时，我一定会好好疼爱她。”

小 B 的妈妈就这样滔滔不绝地说着。

别人眼中的我，总是能够懂得他们的内心。但其实有很多东西我都不明白。经过这次深谈，小 B 妈妈让我学到了不少。

案例 3 因为孩子被欺负，就过度保护

小 C 第一次来我这里咨询时，还是她初中一年级的时候。当时她正为自己的“拔毛癖”苦恼不已。

那是十多年前的事了。当时花丸学习会开设了一个名叫“Sali”的心理咨询室。小 C 就是那时候前来咨询的。

“拔毛癖”是指人将自己身上的毛发连根拔掉的怪癖，有时甚至会拔掉自己的眉毛或睫毛。

而小 C 经常会在无意间将自己的眉毛、睫毛或头发一根根地拔下来。她头部伸手可及的地方，头发已经快被她拔光了。

小 C 的拔毛行为已经发展成一种怪癖，难以戒除。她不知不觉间就会拔毛，要解决这个问题极其困难。

一般来说，人在受到精神上的压力或者环境影响时，才会出现拔毛行为。如果孩子出现这种行为，说明他在学校的人际

关系或家庭内部的关系中遇到了问题。而且拔毛行为多发于性格内向、比较老实的孩子身上。

性格比较外向的孩子会通过大发脾气或大声叫嚷，来宣泄自己的压力。但有些孩子性格比较内向，所承受的压力就会全部堆积在心里，身边的人很难察觉到孩子内心的感情波动，这类孩子会通过拔毛等行为来排解自己的压力。

小 C 大概是从小学二年级开始拔毛的。

当时小 C 得了特异性皮炎，身上有不少抓挠后留下的结痂。有些孩子就骂她“臭烘烘、脏兮兮”。

渐渐地，每当一节课结束，小 C 回过神来时，总会发现自己椅子周围散落着很多头发。

到小学三年级的秋季运动会时，小 C 的头发几乎都被自己拔光了。

从那以后，小 C 有一段时间还拒绝上学。后来，上五年级后，受朋友邀请，小 C 加入了学校的篮球队，情况开始出现好转。

小 C 进步很快，打球非常活跃，还受到一些学弟学妹的崇拜。她慢慢地树立起自信，拔毛行为也随之消失了。

再后来，小 C 考入了一所以篮球队闻名的初中。能进这所学校的孩子实力都很强，小 C 不再像小学时一样脱颖而出。一时间感到心理压力特别大。

然后，小C又开始拔毛。她也是那时来我们学校进行咨询的。

经过与小C的几次沟通，我了解到小C并没有一个能让她放松身心的家庭，这点让她很是失望。

小C的父母非常疼爱她，为人却认真得有些过头。

虽说小C的父母并非出于恶意，但他们太过紧张这个女儿，总是不愿意放手，陷入了过度保护的误区。

比方说，小C上初一了，还和妈妈一起洗澡，并睡在一起。青春期的孩子都会出现叛逆，想要脱离父母的掌控。这原本是孩子生长发育过程中再正常不过的行为。但在小C心里，爸爸是她最喜欢的人，她对爸爸言听计从，因此想叛逆也根本叛逆不起来。不过归根结底，小C还是太年幼。

小C的爸爸很优秀，在家中也有着绝对的发言权。久而久之，小C的妈妈和小C都对他言听计从。

而且小C的性格温柔认真，在家里从来没有任性或强烈地去要求什么的时候。

小C的拔毛问题在初三时再次出现转机。小C一直忍受着拔毛的痛苦，每天还照常上学，篮球训练也没有间断过。

小C觉得，在Sali心理咨询室里可以畅所欲言。于是定期到咨询师Y女士那里，和她聊一聊自己的朋友、喜欢的人还有家里的事情。

小C的父母也开始信任我们，逐渐放手，将小C的事情完全托付给了我们。

有一次，在咨询过程中小 C 收到一条朋友发来的短信。

短信上写着："其实大家都知道你拔毛的事情。不过，你有没有头发真的没有关系。因为我们喜欢的是内在的你！"

小 C 喃喃自语道："想不到大家还愿意接受这么不堪的我……"仿佛长久以来压抑的情绪得到了宣泄，小 C 开始号啕大哭起来。

在收到这条短信前，也许从内心深处，小 C 一直都没有彻底地信赖朋友、信任亲人。从那之后，小 C 慢慢地发生了转变。

她的高中生活过得非常充实而愉快，后来也顺利考上了理想的大学。

小 C 找到了一位真正的良师益友，也明白了自己在朋友心目中的位置。这些让她的人生发生了巨大的改变。

上面 3 个案例共同的关键点在于妈妈或女孩自己的"自我释放"。

她们都需要找到某个机会，向某个人诉说自己长久以来禁锢于内心的事情。倾诉出来后，整个人就会变得豁然开朗。

进入青春期后，每个人都要攻克一道难关，那就是"自我意识"。

很多时候，比起“异常行为本身”，我们更应该关注的是孩子内心深处的潜意识。

每位妈妈都想倾尽全力做一个好妈妈。但因为原生家庭的阴影，很多妈妈在育儿过程中感到痛苦不堪。

原生家庭对一个人的影响是根深蒂固的，妈妈们只有先改变自己，才可能不让孩子重蹈我们的覆辙。

要想真正走出这种阴影，妈妈和孩子可以找到“一个可以和盘托出的人”或“一个可以让自己安心的地方”，这样说不定就能拥有一个截然不同的人生了。

尽管孩子真正出现问题的家庭仍是少数。但从我这么多年接触过的大部分家庭来看，大家在育儿方面都如履薄冰。我列举以上几个案例，就是希望能够让各位妈妈在育儿过程中有所借鉴。

为摆脱原生家庭的影响，妈妈和女孩都需要找到一个可以让自己安心的地方。

✿ 灵活应对女孩的青春期

当女孩进入青春期后，如果妈妈不能正确地处理自己和女儿的关系，即便女孩没有表现出任何的异常行为，母女间的不愉快也会给女儿留下一生的阴影。

因此，妈妈在女孩的青春期一定要注意灵活应对。

一旦女儿进入青春期，妈妈就要马上把女儿当成一个大人看待。

对女儿太过宠溺，或是经常以教训的口吻和女儿说话，那女儿迟早有一天会大爆发，妈妈自己也会很受伤。

有些妈妈和自己的母亲相处得不太融洽，会经常把“反正跟她说了，她也不懂”这样的话挂在嘴边。可如果将来有一天，你的女儿也跟你说同样的话，想必你的心里肯定也不是滋味吧。

在花丸学习会，我们会经常告诉妈妈们，在女孩的成长过程中有几个阶段是需要特别注意的。特别是青春期，妈妈一定要学会灵活应对。

孩子 1 岁之前，如果说我们成人处于“成蛙期”的话，那这一时期的孩子就处于“蝌蚪期”。他们像蝌蚪一样，生活在“水中”，用“腮”呼吸。

比起去做对的事情，他们会优先去做能够让他们开心的、有趣的事情。他们还无法专注地听父母说话，有时一件事情说很多遍他们也记不住。

这就好比一只青蛙跟一只蝌蚪说：“赶快上岸像我们一样跳起来啊！”蝌蚪肯定是无法办到的。

孩子到了 10 岁左右，就会像蝌蚪发生变态般，身体也会发生一系列的变化。

从 10 岁至 18 岁，孩子就会进入“幼蛙期”，即青春期。尤其对女孩来说，妈妈在青春期与女儿的相处方式尤为关键。

这一时期的孩子会开始在意周围人的评价，也会开始自我反省。而我们与孩子的相处方式，也应该随着孩子的成长进行灵活调整。

在女孩 10 岁之前，父母只需要抱抱她们，给她们足够的爱就行。这个阶段，父母可以尽情地宠爱她们，向她们传达自己对她的爱。要知道虽然孩子觉得每天听着我们絮絮叨叨有点烦，但她们还是很黏我们的。

10 岁是女孩成长发育的一个分水岭。这时，有些孩子的自我意识还未萌芽，还处于懵懵懂懂的状态，也有些孩子开始和成人一样具有感性思维了。

到了 12 岁左右，大部分的女孩就已经不再是“孩子”了。这时女孩会开始刻意和他人保持距离，还会像个女人般哈哈大笑。大部分女孩都会迅速长高，身体也会迅速发育，为将来生儿育女做准备。

在女孩破茧成蝶的这个阶段，妈妈必须转变意识，改变方法灵活应对。否则，很容易就会把这样的话挂在嘴边：“不管我怎么跟女儿说，她就是听不进去。”“这孩子真讨厌！”

相信不少妈妈每次听到丈夫称赞电视中年轻漂亮的女明星“啊！这个女孩真漂亮”，就会气不打一处来。如果妈妈不转变自己的意识，以后面对自己的女儿，很可能也会嫉妒她的年轻、讨厌她。

而且，妈妈还会情不自禁地拿女儿和自己年轻时候作比较。比如，妈妈会想：“我高中都没和男孩子交往过，这孩子却这么早就谈恋爱了！”

诸如此类，妈妈忘记了年龄差距，总是拿自己和女儿做比较。

✿女孩进入青春期，妈妈要跟女儿聊聊“闺房话”

在青春期，女孩会受到荷尔蒙等内在因素的影响。想必各位妈妈对此也有所了解。

在这一时期，女孩的情绪波动会很大，会经常莫名其妙地烦躁不安，或是悲伤不已。

曾经听到有位妈妈这样说过：“我从女儿上下楼梯的声音就能知道她的心情是好是坏。”还有位妈妈说：“从女儿开关门的声音，我就能感觉到她的烦躁不安。”女孩会“噼里啪啦”地制造出各种噪音，以此来宣泄自己的不快。

女孩对妈妈总是这么任性妄为。

这时候，要是妈妈训斥几句：“吵死了！你给我安静点儿！”女儿绝对会十倍地反击。

如果妈妈和青春期的女儿吵得不可开交，哪怕只有一次，那母女间的关系可能数年之后都无法修复。

母女两人都互不相让、口不择言，自然会两败俱伤。

那么，妈妈应该怎样做才能防患于未然，不让母女关系变得如此紧张呢？妈妈一定要做到下面最关键的一点。

当女儿进入青春期，妈妈一定要转变对待女儿的态度。尽量避免以“家长教训子女”的口吻，而要像老员工向新员工介绍公司事宜时一样，向女儿讲述自己作为一个女人的人生，跟女儿说说心里话。

比如，妈妈可以对女儿说：“你现在 10 岁了，妈妈要告诉你一些爸爸都不知道的秘密。”这种交流方式相当有效。这是因为再没有比彼此分享自己的秘密，更能让母女亲密无间了。

妈妈和女儿聊天时，关键在于一定要实话实说。聊天内容可以根据妈妈的实际经历，选择一些能够告诉女儿的话题。

妈妈可以从一个人、一个女人的角度出发，站在与女儿平等的位置上，和女儿聊聊自己以前的经历，并鼓励女儿走好她的人生路。相信这样的谈话一定会对女儿的人生产生深远的影响。

为了方便各位妈妈在实际生活中运用，我列举了如下话题，供大家参考。

妈妈的恋爱往事

妈妈可以这样和女儿聊天：“妈妈小时候挺淘气的，长大后性格就变得文静了。我和你爸爸是在工作中认识的，因为 ××，我才下定决心与你爸爸结婚的。”或者可以对女儿说：“别看你爸现在老了，以前还是很帅呢。”

有的妈妈可能会说：“我年轻时性格比较腼腆，不怎么受男孩子欢迎，相亲之后很快就结婚了。实在不知道可以和女儿分享些什么。”

但其实女儿想听的正是这些话题。

妈妈可以这样说：“我和你爸爸是相亲认识的，后来相处了一段时间觉得彼此还不错，于是步入了婚姻的殿堂，然后就有了你。虽然妈妈现在觉得很幸福，但也有些遗憾啊。有时我会想：‘要是年轻的时候能够有机会和不同的异性交往一下的话，现在是不是过着不同的人生呢’。因此，你要趁着自己还年轻，多去接触一些男生，试着和他们去交往，这样以后的选择也会更多哦。”

女儿会视妈妈为榜样。她经常会想：“妈妈现在幸福吗？”“妈妈和爸爸结婚是对的吗？”

妈妈可以和女儿聊一聊这些她关心的话题。重要的是要敞开心扉，和女儿分享自己的经历和心事。

妈妈心中理想男性的标准

此外，妈妈还可以跟女儿描绘一下自己心中理想的男性形象。

如果妈妈心中的理想男性是爸爸固然最好。即使不是爸爸，只要妈妈能坦诚地告诉女儿，女儿也能够理解。

妈妈的人生阅历和生活经验要比女儿多得多，能够和女儿分享的经验和教训还是有很多的。

妈妈还可以这样和女儿聊天："妈妈上高中时，觉得 H 君还不错呢。可他现在都闭门不出了。现在想来，他那时的承压能力好像就很弱呢。""看来还是善解人意、温柔的男性比较好呢，长相什么的绝对不是最重要的。比如你爸爸，在妈妈生病的时候，对妈妈悉心照顾，非常温柔哦！"

恋爱原本是一件非常正常的事情。如果妈妈羞于启齿，在家中闭口不谈恋爱的事情，这反而不正常。

如果女儿想和妈妈聊聊自己喜欢的人，妈妈一定要耐心地倾听。

妈妈之所以要和女儿分享自己的恋爱经历，是因为这些经历对女孩的成长非常重要。因为一个女孩年轻时的恋爱经历会

女孩进入青春期，妈妈可以和女儿聊聊“闺房话”，与女儿坦诚相对。

对她以后的人生产生巨大的影响。

我手下也有几名女性下属，就以她们为例，我发现凡是无法理解别人的话语或举动的真实含义，总是挨上司的骂、经常就同一个问题被不同客户投诉的下属，都是没有什么恋爱经验的。

恋爱时，我们会非常在意对方和自己的言行。这其实可以很好地培养自己设身处地替别人着想的能力。

恋人一时没接电话或者没回短信，我们就会坐立不安，甚至开始胡思乱想："他是不是在和别人约会呢？"

我们也会因为对方的一句话而情绪起伏不定。

在恋爱中，有时候也会发生对方无法理解自己真实想法的情况。我们会愤愤不已："为什么就不能理解我呢？""为什么我们还不够相互理解呢？"

即便是单相思，我们与日思夜想的意中人偶尔目光交汇的时候，心情也会如坐过山车般忐忑不安。

趁着年轻，我们一定要体验一下这种内心焦灼、坐卧不安的感觉。

正是因为我的那几个下属恋爱经验很少，才会在工作中无法很好地理解客户的真实想法，从而引起客户的不满。

对她们本人而言，"无法理解对方的想法"无疑会阻碍她们自身的发展。

她们人品很好，也很聪明，我也很喜欢他们。因此，我不由得会为她们感到惋惜。

此外，妈妈还可以给女儿讲一讲“关于男性的一些特点”，这样她们就能对异性有更清楚的了解，长大后也会知道如何才能更好地与异性相处。

比如，男人热衷于各种体育运动和爱好，永远都像个长不大的孩子。和女性相比，男性更加争强好胜，他们都想争当第一，希望别人夸他‘你好棒哦’，一旦被他人信赖，他们就会更加努力。

而从另一方面来讲，虽然常言道：“要想抓住一个男人的心，先要抓住他的胃。”但如今这个时代，女性越来越独立，不再需要依附于男性，可是一个女人懂得基本的生活技能，不仅可以丰富自己的生活，也能让日后的家庭生活更加融洽与和谐。

除此之外，妈妈还可以和女儿说一些男女思维方式的差异，教女儿更好地与异性相处。比如，男人和女人的交流方式是截然不同的。恋爱时可能双方还有很多共同话题，但随着两人相处的时间越来越长，男人渐渐地就只关注要点和结论。

我在这里只列举了一些例子。总之，妈妈只要向女儿传授自己对于男性的理解即可。让女儿对男性有一个基本的了解，这对她今后的人生有非常大的影响。

如果女儿能够提前了解这些，将来在面对恋人、丈夫或男同事时，就不会总是生一些无谓的气："你为什么总是 × × 呢！"

什么是交往

在学生时代，我们并不太明白到底什么才算交往："一起看电影算交往吗？""牵手了算交往吗？"

我们对于交往并没有一个准确的定义。不过一般来说，如果彼此表明心迹："我喜欢你！""我也喜欢你！"这就是在交往。

在小学或初中阶段，孩子对恋爱是很懵懂的。可能今天喜欢一个人，明天或下个月就又喜欢另一个人了。妈妈可以结合自己的经历告诉女儿，普通的喜欢和恋人间的喜欢有什么不同。

而且，这也是青春期孩子最大的苦恼。因此，妈妈们不妨作为女儿的闺中密友，和女儿好好地谈一谈吧。

关于身体

接下来，关于女人身体的变化，也是只有妈妈才能跟女儿聊的话题。

孩子从 3 岁开始就具有性别意识了，而且随着生长发育，孩子们多少都了解了一些自己身体的变化。不过，对女孩来说，想要具体地了解这些变化，还需要妈妈的帮助。比如胸部发育、生理期等女性第二性征。

妈妈可以用积极正面的话语告诉女儿："你身体上的所有变化，都是为了你成为真正的大人。"

妈妈还可以趁热打铁，向女儿表达自己对她的喜爱："妈妈这辈子最开心的事就是生下了你！"

这是一个以瘦为美的时代。老年人想要保持纤瘦的身材会节食，孩子会为了保持好身材过度减肥，这些是不对的。特别是女孩进入青春期后，她们会开始在意自己的形象，为了瘦，她们可能会通过节食甚至绝食等不恰当的方式来减肥。

因此，妈妈要不厌其烦地引导女儿：女人无论胖瘦，只要健康就是最好的。每个人都有自己的魅力，保持适度的丰满会更健康，也更能展现女性的魅力。不要过度地在意外表，也不要觉得别人一定会过多地关注你，有句话说得好："你不是世界的中心，只是世界地图的中心。"

关于疾病

妈妈一定要告诉女儿性病的可怕性。这是防止女儿伤害自己的身体、保护自己的最好方法。

某些色情网站或杂志会通过一些非法手段误导青少年，这种情况非常危险。妈妈一定要告诉女儿懂得洁身自爱，保护自己。

妈妈要教女儿懂得保护自己免受伤害，正常的交往没有问题，在一段真正的恋爱中如果奋不顾身、全心投入，则要做好承担责任的心理准备。

妈妈只跟孩子讲柏拉图式的爱远远不够，还需要根据实际情况，有必要的话，甚至应该给女儿讲讲避孕的问题。这些经验将会成为女孩在未来保护自己强有力的武器。

全职妈妈 VS 职场妈妈

如今的时代瞬息万变，妈妈们可以有各种各样的选择。

日本今后会如同经济学家预言的一样，劳动人口不断减少，女性在生育后回归职场的时间会越来越提前，并会一直工作到老。

现在正处于一个过渡阶段。

但如今的社会制度和人们的意识都还没跟上。不少生育后想要回归职场的妈妈对此深感不安。

长久以来，在日本的大部分公司里，多数员工都是一毕业后就进入一家公司，然后一直在一个公司工作到退休。

现在这批人大部分都已身居要职。因此，不少公司依旧倾向于只雇佣能够从早工作到晚的男性员工。

但如今很多女性也非常优秀。

女性在生育后的 10 年左右时间里，不仅要肩负育儿的重担，还要兼顾工作和家庭，因此在职场上的表现会有所下降。但这也是无可奈何的。但从长远的角度看，女性员工在育儿期间所收获的心得，将会对公司今后的发展大有益处。

现在读这本书的各位妈妈是全职妈妈，还是同时兼顾工作和家庭的职场妈妈呢？前来向我咨询的妈妈两者兼有。

根据以往的经验，我可以确定一点：**无论如何选择，妈妈都是矛盾而苦恼的。**

●全职妈妈

全职妈妈几乎没有自己的个人时间。每天都在为孩子和家务而操劳。

早晨起床准备早餐、叫孩子起床、准备好孩子的各种上学用品后送孩子上学；然后收拾家里、在中午之前洗好衣服打扫完毕；接着做午饭，吃过午饭后收拾妥当，去超市买菜。回来后择菜、给孩子准备点心；孩子吃过点心后，送孩子去兴趣班；回来后做晚饭，然后收拾；收拾完毕后准备洗澡水给孩子洗澡，然后自己洗澡；哄孩子睡觉后，准备丈夫第二天的午餐便当，然后收拾妥当……如此日复一日。

不少妈妈都曾跟我谈及，当孩子还在婴幼儿期时自己备感压力："一天结束后，明明感觉忙得团团转，我却不知道自己每天到底忙了些什么。那种莫名的无力感挥之不去。而且，这样的日子仿佛永远没个头。"

"我每天带孩子、操持家务，忙里忙外，却没有一个人看到，也没有一个人夸奖一句。感觉自己就像被困在一个令人窒息的、逼仄的世界里。”

“我从没想过，不工作原来会让人这么没有尊严。我真不甘心啊！为什么没有一个人告诉我这些事情啊？”

“单身的时候，我看到自己喜欢的东西就会买。可现在花的是老公的钱，看到一件喜欢的衣服时，还要思前想后、纠结半天，会想想自己有没有其他相似的衣服。基本上就没给自己买过什么东西了。”

本来以为孩子健康可爱，家庭生活幸福美满，作为全职妈妈理应心满意足。但是这绝对不是丈夫口中所说的“全职妈妈真是很轻松”。

现在很多全职妈妈在育儿方面都感到孤立无援，因为“丧偶式育儿”而备感压力，很容易把自己逼得无路可退。

等孩子稍微大点，很多全职妈妈就会想：“我现在好想出去工作啊！”“我好想去见识一下外面的世界！”但又会犹豫不决：“会不会找不到适合我的工作？就算回去也没有属于我的位置了吧？那我该做什么呢？”

如果妈妈生活在一个大家庭，或者和孩子的祖父母生活在一起，那还能和外界有所接触。但如果妈妈本身性格太过认真，又不愿依靠别人，那就可能会过多地管束孩子，反而不利于孩子的成长；或者妈妈自己总是处于焦虑不安的情绪中，感到压

很多全职妈妈面临“丧偶式育儿”，备感压力。
家人一定要给予更多的理解和帮助。

力巨大。前来咨询的全职妈妈中有不少是这样的情况。

全职妈妈虽然不会面临自己赚钱养家的压力，但是在家独自育儿的压力却是非常大的。而且每天在家面对孩子，如果不能很好地转换心情，难免会心情烦躁。

因此，家人一定要给予全职妈妈更多的理解和帮助，偶尔让她们能够有一些放松喘息的时间，这样她们才能更好地养育孩子。

●职场妈妈

那么，一边上班一边养育孩子的妈妈又是怎样的呢？

职场妈妈的最大苦恼是时间不够用。

很多职场妈妈的内心都很纠结："我也想多陪陪孩子，但时间真的不够用，没法经常陪孩子。"她们时常会对孩子感到愧疚。

再加上周围人的冷言冷语："这孩子可真可怜！""这妈妈怎么能让孩子一个人待在家里呢！"听到这些话，妈妈们就会更加自责与愧疚。

每当孩子生病或者发生点意外时，妈妈总是充满罪恶感："都是因为我无法在身边陪伴孩子，他才会……"

职场妈妈无法像全职妈妈那样每天亲手给孩子做点心；也无法一直在家陪伴和照顾孩子；当孩子生病时也要奔波于公司和医院，无法一直陪在孩子身边，整天匆匆忙忙、慌慌张张。每当这时，职场妈妈的内心就会非常痛苦，心想自己这个妈妈

职场妈妈的苦恼在于太忙碌，陪孩子的时间少。切记不要太过追求完美哦！

当得真失败！

让职场妈妈苦恼不已的还不止这些，丈夫对育儿和家务视而不见，自己工作太忙无法抽出时间陪伴孩子，因孩子生病而无法在工作上全心投入、工作表现不佳等。而且，职场妈妈还会面临婆媳间的相处烦恼、隔代人的育儿观念分歧等，这些都会成为职场妈妈的压力来源。

全职妈妈和职场妈妈总是对对方的生活方式羡慕不已，殊不知其实各有各的烦恼。

妈妈在和女儿聊天时，要把自己的真实想法告诉女儿。如果能将以上两者的优缺点都一一罗列给女儿，那就再好不过了。

最后，妈妈可以告诉女儿："对于'什么样的女性才是最幸福的'这个问题，虽说每个人的看法不一，但将来无论你选择哪种生活方式，妈妈都希望你能过得幸福。这也是今天妈妈跟你聊这么多的原因。"

对于女儿而言，妈妈的真实感悟永远是最重要的。

帮女儿找到妈妈以外的良师益友

上面我介绍了很多妈妈可以和女儿聊的话题。如果妈妈觉得自己直接和女儿谈论某些话题会有些尴尬，大可以拜托女儿的表（堂）姐或是其他值得信赖的女性，由她们来和女儿聊，女儿心理上会更容易接受。

说到这里，我不由得想起很多年以前，我还在老家熊本时交往的第一个女朋友小 N。

小 N 和她的表姐、婶婶相处得非常融洽。她们几位女性间几乎无话不谈。

她会和我聊她家里的事情。“我婶婶家的哥哥，好像是奉子成婚呢！不过他之前总是不肯结婚，这下终于结婚了，结果还是挺不错的呢！看来有了孩子，男人就会慢慢变可靠了。”

“我的表姐是个大美人，最后却嫁了个‘秃丑矮’的男人。但周围的大妈们却对那个男人赞不绝口，还说‘她真是遇到好男人啦！’。看来比起外表，内在还是更重要些。能让女人踏实过日子的男人才是好男人。这样的家庭才会更幸福呢！”

小 N 最后还冒出一句莫名其妙的话来：“两地分居的婚姻好像也挺不错呢！”

小 N 从久经世事的女性长辈那里听说了不少关于男性的话题。从如何看穿男人的本性，到幸福婚姻生活的秘诀等。

我那时生活在农村，每天只知道打棒球。结婚的事我压根没有考虑过，完全想象不了今后的生活会是什么样子。我清晰地记得，当小 N 和我谈起“两地分居的婚姻”时，我内心想的是：“两地分居的婚姻？简直莫名其妙！”

在我们交往的过程中，小 N 改变了我的不少想法，也让我成长了许多。

我曾凭印象随口说道："K 学院肯定有很多可爱的女孩。"小 N 会毫不留情地回击我："你怎么知道？你又没和她们交往过！"

而且，小 N 还教我如何和女性交往。"女人都是喜欢欲擒故纵的。把握住这一点，女人就会死心塌地地爱上你。"

小 N 很喜欢我，也非常看好我，她会鼓励我说："你将来肯定会有一番作为的。"

后来我去了东京，遗憾地与她分手了。不过不得不说，那时的小 N 已经拥有能够看透男性的潜质。

我当时就读的是升学率很高的高中名校。有不少同年级的同学后来当了医生或律师。小 N 特别看好的就是我和另外一个男生 D 君。

我属于大器晚成的类型。而 D 君早在十多年前，三十多岁时就已经跻身于某外企的高层，他的事迹还曾被刊登在报纸上，名噪一时。

听说小 N 后来生了两个孩子，家庭幸福美满。

我列举上面的例子是想告诉各位妈妈，无论是表姐、婶婶，还是邻居家的大姐姐，要鼓励女孩多和一些比她年长的女性聊聊天，帮助她找到可以放心倾诉的人。这样女孩不仅能从这些亦师亦友的女性前辈那里学到她们人生中宝贵的经验，而且当女孩遇到烦恼时，也能有人帮忙提供建议，从而少走弯路。

总而言之，如果女孩身边能有个可以和她推心置腹、向她分享人生经历的良师益友，那这个女孩今后的人生一定会越发熠熠生辉。

第4章

如何培养出独具魅力、和妈妈关系融洽的女孩？

我在第二章和第三章中分别介绍了10岁之前应该培养女孩的哪些习惯和能力，以及在青春期妈妈具体应该如何应对。

总而言之，女孩只有学会独立，才能在将来找到一份工作养活自己。

当然，要想在这个世事难料的社会中从容地生活，还需要努力提高自己的工作能力。

不过，很多妈妈希望女儿将来不仅能养活自己，还能遇到优秀的男性，和他结婚，并组建一个幸福的家庭。

不管是在职场还是在家庭生活中，女性的魅力都至关重要。女性在实现自我独立后，就要努力让自己成为一个有魅力的人。

本章我所介绍的女性魅力并非指长相可爱，而是指在工作中得到上司和其他同事的赏识，“和这个人一起共事很不错”“这个女孩不错，不如把她挖到我们部门吧”，让前辈愿意培养她、提携她。

但不少年轻人踏入社会，在慢慢升职并且工作有起色时，往往很容易忽略这些问题。

不少年轻人即便得到前辈耐心的指导，也会暗想：“不，我并不需要前辈的提携。”

但是，人活一世，难免要和其他人产生交集。人际关系也是构成人类社会的重要一环。只有得到前辈的认可和提携，一个人才能快速地成长。

只有当我们付出比别人多出很多倍的努力并得到认可，拥有自己的魅力，才能达到人生的下一个高度。女性和男性都是如此。

接下来，我就和各位谈一谈受欢迎的女性都具有哪些魅力吧！

✿ 妈妈的爱是女孩自信的源泉

所谓魅力，其实包含很多方面。首先，有魅力的女孩会给人一种从容的感觉，从她们身上我们能感受到她们从小是被呵护长大的。

“我的爸爸妈妈最喜欢我了！”这种被父母无条件爱着的感觉，能让女孩相信并肯定自己。这种自信，能让一个人有底气与人生抗争，或是与别人针锋相对。

相反的，如果一个女孩缺乏父母的关爱，当她稍微遇到一点困难就会丧失干劲或自信。

此外，下面这种如月亮般“阴晴圆缺”的爱也极其危险。

“妈妈也不是不爱我，只是疼爱弟弟多一点。”

“虽然有时候我也会受到表扬，但其他人应该比我更厉害吧。”

“我真是太普通了，没有任何特别擅长的地方。”

如果孩子经常这样想，内心总是患得患失，那她的自我认同感就会很低，也很难树立起自信。

独生子女的内心最安心

我在给妈妈们做演讲时，经常会提到："独生子女的内心最安心。"之所以这么说，是因为独生子女能得到父母全心全意的爱。

对于独生子女而言，妈妈对他（她）的爱自然是不言而喻的。独生子女从来没有想过"妈妈会不爱自己"，这也是他（她）的优势所在。

现如今，一般都是由父母和一两个子女构成的小家庭。在这些家庭中，如果有两个孩子，兄弟姐妹性格各异，父母就容易偏爱其中的一个孩子。而在与兄弟或姐妹争夺父母宠爱的过程中败北的孩子，恐怕一生都无法树立起自信。

这个问题我在其他著作中曾详细谈论过，在这里就不再赘述。需要指出的是，在孩子年幼时，父母对孩子的态度非常重要。其中有一点就是"不要比较和评判孩子"。

比如，父母不要对孩子说下面的话。

"弟弟都会了，你怎么还不会？"

"隔壁的小 A 都会写字了呢！"

"我家孩子还不会 ×× 呢！（和别人聊天时焦虑地说）"

相反，如果父母这样说，就能培养孩子的自信。

“你这点做得很棒呢！”

“你这件事做得比以前好多了！”

此外，父母还要多对孩子微笑和点头。

被幸福包裹的孩子最受欢迎

如何让女孩成为一个被幸福包裹的人呢？那就是肯定孩子的每一点成长。

如果妈妈不善表扬，那也无须很夸张地表扬孩子。一个微笑，一个点头，孩子都会敏锐地捕捉到你对她的认可和爱。

如果女儿的性格和妈妈相同，不少妈妈在看到孩子和自己一样的缺点时就会言辞激烈地批评女儿；如果女儿的性格和妈妈不同，有些妈妈也会暗想：“我这方面挺擅长的，为什么这孩子不行呢？”

妈妈一定要认真观察孩子的一举一动，这样才能做到肯定孩子的每一点成长。为此，妈妈一定要放宽心。

被无条件地呵护、总是笑盈盈、被幸福萦绕的女性，想必将来也会成为独具魅力的人生伴侣。

与生活幸福的人在一起，身边的人仿佛也会受到感染，变得幸福起来。

NG

OK!

✿ 即使将女孩视为掌上明珠，也要让她经历风雨

步入社会后，如果一个人能够充满自信并清晰地说出自己的意见，就更容易受到别人的青睐。而小时候父母的爱以及自我认同感是形成这种性格的基础。

此外，能够直抒己见的人，小时候一般都体验过各种小小的成就感，以及偶尔极大的成就感。

妈妈能做的就是深爱自己的孩子，同时让她多接触外界，不断地积累人生经验。

具体来说，比如妈妈可以让孩子参加夏令营，创造与其他年级学生交流的机会；孩子进入青春期后，应该鼓励她参加需要严格训练的社团活动，可以让孩子得到更快的成长。

鼓励孩子参加要求严格的社团活动

在选择社团活动时，家长可以鼓励孩子参加要求严格、各个组员都很活跃、气氛愉快的社团活动。

我有一个学生，她常年练习艺术体操。这个女孩在初三的集训活动中也表现得很不一般。从饭菜的分配、餐具的收拾到集体活动，以及给她安排的学习任务，她都能很好地执行，并且出色地完成。这些都让身边的人对她佩服不已。

她大大的眼睛闪烁着光芒，让人印象深刻。后来她在社团一步步成长为一个合格的社团顾问，负责对外交流和内部协调等工作。

她的执行力非常强，就连很多成年人都自愧不如。我想等她踏入社会后无论在哪里就职，肯定都会受到周围人的欢迎。

她一直想考入某所高中，但成绩却不太如意。不过她坚持不懈地努力学习，在最后关头超常发挥，一举考上了自己心仪的学校。后来她的高中生活也过得丰富多彩。

女孩不仅需要拥有一帆风顺的经历，还需要拥有一些成功克服挫折和困难的经历。这样才会塑造出女性真正的魅力。

比如，“虽然偶尔有争执，但和大家在一起真的很开心。”“无论在哪里，我都能交到朋友。”“虽然这个任务有些困难，但我最终还是完成了！”“虽然当时很难过很悲伤，但现在已经没事啦！”

这些经历会让一个人感到自己能够与这个世界抗争，慢慢就会树立起足够的自信。

✿ 不气馁、打不垮，是女性的优点

“不气馁、打不垮”是女性的优点。女性一直有着自己独特的生存法则。她们总是能够及时调整自己，适应各种不同的环境。

在公司被上司责骂后，男性和女性的表现也各不相同。不少男员工会垂头丧气，可能第二天就不来公司上班了。

而女员工在哭过之后，却毫不退缩。她们会暗下决心：“部长你等着看好了！下次我要用出色的表现‘一雪前耻’！”

女员工还有可能会调侃上司：“部长的那双袜子可真土！”她们总是能从别的角度来发泄自己的委屈。

百折不挠正是女性最大的优点。

为母则强！要做就要做好

偶尔会听到公司的几个男员工聚在一起聊天：“我老婆以前还是很可爱的！”结婚前，男性天真地以为自己的爱人会一直这么可爱下去。

但是，结婚后有了孩子，男性才发现自己的幻想彻底破灭了。妻子仿佛变身成一只凶猛的生物。甚至有男性会说：“我上当了！”“我被她的外表欺骗了！”我到如今这个年纪，才真正明白，这才是女性本来的面貌。内心强大、坚韧不拔，这原本就是女性的优点。这些优秀的品质会让她们的生命更加灿烂与美丽。

特别是女性在成为妈妈之后，她们会变得更加坚强，这便是我们常听到的“为母则强”。

她们会将自己的社会角色和女性价值观全部抛诸脑后，全心全意地守护自己的孩子，为孩子的健康成长倾心付出。

即便遇到困难和艰辛，也绝不退缩，仿佛永远处于战备状态：“要做就要做好！”

看似柔弱的外表下，藏着一颗坚强的心。女性正是这样，用柔弱的身躯顽强地对抗着所有的困难。不退缩、不屈服、不气馁、打不垮，这些不都是女性的魅力吗？

NG

OK!

✿ 培养有教养、有担当的女孩

说到女性的品格，我首先想到了花丸学习会的两位女性：K 女士和 T 女士。

所谓品格，就是指一个人的教养。不知是不是凑巧，在我著书时给予我极大帮助的几位女员工，都很有教养。

她们的言谈举止，无不反映出自身良好的教养。

她们有一个共同点，那就是“不抱怨，也不评头论足”。

她们从来不会在别人背后告黑状，数落别人的不是。

无论发生什么事情，在汇报工作时，她们总是把责任揽到自己身上。

虽然这样说会有些老套，但我觉得“端庄优雅”这个词最为贴切。

金无足赤，人无完人。无论一个人多么努力，都无法做到十全十美，总会有不足或是欠缺的地方。

一个人只有敢于直视自己的弱点，才能从内心接受自己的不足和弱点，从而真正接纳“不完美的自己”。

人生在世，难免会有不如意的时候。人最难得的就是能够保持教养，不推卸责任。

如果能够做到这一点，就一定能得到别人的信赖与尊重。

比如，我们走在路上，不小心撞到别人。尽管不是故意的，我们也要跟别人道歉：“对不起，刚刚我走神了没注意前面。”有教养的一大行为准则就是“对自己的疏忽也要道歉”。

总之，一个人在把责任全部推卸给别人的那一瞬间会失去一些东西，不仅少了担当，也少了教养。

NG

OK!

✿ 培养能够虚心接受别人意见的女孩

一个人只有虚心接受别人的意见，并自我反省，才能够不断进步与成长。从我多年的从教经验来看，凡是具有这种品格的孩子都能迅速成长、飞快进步，但张口闭口满是借口的孩子则难以得到长足的发展。

诚然，受到批评是一件非常痛苦的事情。

但是，能否坦然接受，并让自己不断做出改变，对于一个人的成长来说是非常重要的。即便是进入社会，当身边有人提点自己时，如果能够自我反省："的确如此，我不能再这样下去了！"这就是一个良好的开端。

几年前，有一位在花丸学习会做兼职的女员工想要转为正式员工。但从她的资质来看，条件还不太符合。

于是，我从站姿、走姿、言谈、表情等方面，事无巨细地对她进行了指导。

这位女员工非常认真地接受了我的所有意见，并且一项一项地改正、提升自己。经过很长一段时间的培训，她终于如愿以偿地成为正式员工。

现在她也逐渐成长起来。来自全国各个地方的家长都对她赞赏有加："多亏了 M 老师……"在其他工作上，她也可以独当一面，负责起新员工的培训工作。

在如今这个时代，有不少人对别人的意见置若罔闻，消极应对。这样的人终究会在这个社会中失去立足之地。上面这位女员工的事例告诉我们，能够虚心接受别人的意见绝对是一种难能可贵的品质。

坏话连篇、牢骚满腹的女性最为不幸

对于孩子而言什么才是最重要的呢？那就是**从孩子幼年时期开始，父母就要使用积极正面的语言与孩子交流。**父母的言传身教对孩子的成长极为重要。孩子虚心的态度和对人的尊重都是从父母那里学到的。

妈妈最容易出现的问题就是"发牢骚"。虽说女性之间聊天时，互相发发牢骚也是一种很正常的闲聊。但请妈妈尽量不要在孩子面前发牢骚。因为孩子会从亲近人的言谈中建立起对世事消极或积极的基本看法。

也有极个别的女性，讲起别人的坏话来就如同家常便饭。或许是她从小的家庭环境造成她这样的性格，但如果一个人只能看到别人不好的一面，那这样的人可以说有些可悲。

“虚心”这个词，换一种说法就是“可以积极地看待这个世界”。为了孩子一生的幸福，各位妈妈一定要坚持使用积极正面的语言和孩子沟通交流。

NG

OK!

✿ 事无巨细、井井有条，是女人最厉害的武器

我在花丸学习会与众多女性同事一起共事多年，让我感触最深的就是，她们都事无巨细、井井有条。可以说，这是女性最厉害的武器。

在职场中，这样的人也最值得信赖。

在花丸学习会，所有的正式员工都会担任班主任，负责相应班级的一切事务。

他们需要有缜密的心思和较强的耐心来对接孩子、家长、讲师，以及物业管理人员等。

班主任的职责还不止如此。准备教材、办理报名手续、整理所负责教室的网站信息、举办体验课以及后续的电话回访也是他们的职责所在。

此外，一些员工还会负责筹备新建分校事宜，还有户外体

验、教材编写、宣传、后勤、招聘、新人培训等事务。

总之，每个班主任都会负责里里外外的各种事务。

男员工所在的“吊儿郎当组”（当然我也包含在内）总是挑自己喜欢的事情做，其余的事情都置之不理。当然，这些男员工各有擅长，也能堪重用。

但是很多女员工更擅长事无巨细、井井有条地做好所有工作。比如，上司给他们分派了四项任务，女员工能够有条不紊地把这个四项任务同时做好。看到女员工这样的工作能力，我只有惊叹的份儿。

男人连买一块豆腐都记不住

在男人看来，每天都有干不完的工作，对于妻子临时交代的“回来时买块豆腐”这样的“小任务”，总是瞬间遗忘。

前几天，妻子给我发了条短信，让我回来的时候买块豆腐，我随手回了句：“知道了。”结果等我回家打开门的一瞬间，妻子问道“你买的豆腐呢？”我顿时僵住了。

“你又忘了吧？”面对妻子的询问，我不禁深深地叹了一口气。

我仔细观察了一番，觉得男性可能更加适合深入研究某个领域的工作。当然，这也有替我自己辩护的嫌疑。不过，学术狂热者或“发烧友”中确实很多都是男性，像学者、艺术家、数学家等也以男性居多。这些人能全身心投入工作中，却不曾注意连衬衫衣角都没有掖好这样的细节问题。这就是男孩乃至男人的本性。

我在讲座上经常会对家长们说：“如果按照女人的标准，要求男孩做到‘井井有条’，估计他们很快就会崩溃了。”但这样去要求女孩的话，她们肯定能够轻松做到。

培养女孩“井井有条”的品质

我在这里所介绍的培养女孩“井井有条”的品质，不是指贤妻良母式的“持家有方”，而是一种女性与生俱来的品质。这种品质如果能够在母女间代代相传，这样的女孩进入社会后也必然会得到重用。

除了那些偶尔会犯“公主病”的女孩和天才型的女孩外，一般来说，十个女孩中有七个都能做到“井井有条”。

如果妈妈说：“你帮我叠一下衣服吧，把褶皱都要抻平哦！”能够按照妈妈的吩咐利索做完的，一般都是女孩。

男孩肯定做不到这些。男孩可能连“抻平褶皱”的意思是什么都不知道，自然也就无从下手。而且男孩没有什么耐心，

NG
你本来就
应该会这些。
衣服叠得
整整齐齐
无视孩子的努
力和表现，把
一切当做理所
应当

OK!
看到孩子点滴
的努力，及时
肯定和表扬
好厉害！
衣服叠得
整整齐齐

可能事情干到一半就不胜其烦了。能勉强把衣服都叠起来，也就是男孩的极限了。

在养育女孩的过程中，孩子能够做到井井有条地完成某些事情，妈妈一定要及时给予肯定和表扬。这对女孩来说是非常重要的。通过肯定与表扬，让女孩树立起自信，挑战更多的困难，可以培养女孩在以后的工作中同时胜任多项任务的能力。这会成为女孩在今后的人生中的一项强大武器。

培养拥有优雅外表的女孩

提到“会打扮”“外表优雅”这些词，可能有些人会说：“这种流于表面的东西不足一提。”

但是，如果一个女性对外在形象完全没有兴趣，可能是因为她本身就有一种根深蒂固的情结。如果这种情结太过强烈，恐怕还会让这个人的魅力大打折扣。

现在的年轻女孩可能基本不存在这样的问题。但是我东京大学的几个女同学年轻时就有这样的倾向。“人不能光看外表”是她们的口头禅。她们从不注重外在形象，总是一门心思地投入学习和研究中。

当然，她们所说的也并非没有道理。但是，如果一个女孩从小就对漂亮的事物视而不见，那说明她可能缺乏自信，也不大喜欢与人交往。

这样的女孩很可能会在自己成长过程中的某个阶段，认为自己“不可爱”“漂亮的东西不适合自己”。渐渐地，就再也无法摆脱这种想法了。

不过我所列举的例子也是发生在三十几年前的事情。现在的大部分女孩们还是非常会打扮、非常注重外在形象的。

个子小有个子小的优势，微胖有微胖的闪光点。每个女孩身上都有她独特的魅力。

我建议各位妈妈经常赞美自己的女儿。比如“你的眼睛真好看！”“你的头发真柔顺！”

让人不可思议的是外表打扮和衣着品味大多会作为家庭文化的一部分，由妈妈传承给女儿。

如果某个女孩经常邋里邋遢，那她多半有个不修边幅的妈妈。

当然，如果女儿太过沉迷于穿着打扮，妈妈恐怕又要担心了。毕竟凡事都要有个度。

妈妈要告诉女孩每个阶段都有每个阶段的美，衣服可以不用太华丽，只要将自己收拾得干净整洁就是最好的。正值青春的女孩，只要稍微改变一下发型，或是换件不一样的衣服，就会变得非常可爱。

最重要的是要告诉女孩：只要拥有自信，每个女孩都能光彩夺目。

一个对自己的相貌没有自信的妈妈，看到女儿开始打扮自

NG
看到孩子打扮时，否定、打击孩子
你穿的那是什么呀！

OK!
你穿这件衣服真好看！
经常夸奖孩子、赞美孩子的外表

己，总是容易对女儿冷嘲热讽。妈妈这样做，会在无形中给女儿增加心理压力，也会打击女儿的自信。

女儿会暗想：“有花边的衣服果然还是不太适合我，看起来一点都不可爱。”

为了孩子将来拥有一个幸福的人生，我们至少不能让孩子在外貌上对自己失去信心。

相信每位妈妈都非常清楚这一点。等孩子将来步入社会后，就会明白“萝卜白菜各有所爱”这个真谛。

女儿注重外在形象从侧面也体现出她喜欢表现自我。因此，各位妈妈一定要支持女儿。

✿ 培养观察入微、体贴周到的女孩

我们经常会听到女性之间这样聊天：

“你做了新指甲呀！”“你那件衣服真可爱！”“你剪头发啦！”

观察入微也是女性的一大特点。女性总是可以注意到非常细微的地方，这也是女性的优点。

在花丸学习会，所有老师都会坚持每一天和班上的每一个孩子打一次招呼。这被称为“三个一问候法”。

如果一个人能够注意到对方的每一个细微变化，对方就会觉得自己受到了重视，自然会很开心。

其实，我觉得十分有必要跟男性反复灌输这样的观念。

有些刚进入花丸学习会的男员工对这种“三个一问候法”非常不适应。他们仿佛永远活在自己的世界里。

这样的男性很少主动向别人打招呼，总是一副谁欠他似的面孔。他们完全不考虑别人的感受。

偶尔给他们拍张照片，他们看到后会大吃一惊："啊？我怎么看上去满脸不高兴啊！"

这样的男性一般都很少能客观地正视自己，也没有在镜子前练习自己表情的习惯。这样的人很难学会察言观色。

观察入微，体现了一个人的观察力，也是一种与人交往的能力。甚至可以说是一种母性。

一般只有女老师才会叮嘱家长和孩子："回家注意安全哦！"由此可见，只有在意对方，才能做到对对方观察入微，从本质上来说，这与妈妈对孩子的关心别无二致。

男性只有努力学习之后才能掌握这种能力。女性这种观察入微和体贴周到的品质，会极大地帮助周围的男性。而且，具备这些品质的女性一般都会得到重用。

男人撼动世界，女人撼动男人

最近，我通过观察发现了一个事实："在社会上叱咤风云的男性身后，必然有一些女性在给予支持。"

不少工作能力很强的社长身后，必然有一些会察言观色的女员工在协助他，为他排忧解难、扫除后顾之忧。

这些女员工考虑周全，她们会提醒社长，"社长，您空着手去不太好吧，还是带点礼物吧！"经女员工一提醒，社长才恍

NG
孩子观察入微，妈妈却置之不理
知道了知道了
妈妈，那里有点脏！

OK!
还真是，居然被你发现了！你真仔细！
妈妈，那里有点脏！
肯定孩子观察入微的优点

然大悟，照着去做了。这也就是所谓的“男人撼动世界，女人撼动男人”吧。

我自己也是如此。除妻子外，还有各位学生的妈妈以及各位女员工都会在很多方面提醒我：“问候卡片要写得端正些。”“还是穿亮色的夹克比较好。”“您一定要休息好啊！”正是在身边诸多体贴细致的女性的支持下，我的公司才得以发展起来。

男性是无论说多少遍都做不好的生物。因此，如果能够得到身边各位女性的帮助，那真是莫大的荣幸。

✿ 给害怕失败的女孩一些勇气

年轻，是上天赐予每一个人最平等的礼物。

刚步入社会，大家对年轻人都比较宽容，允许他们犯错、失败。

因此，年轻时不要轻易地给自己设限，而要努力地去尝试，提升自己的工作能力，同时拓宽人生的可能性。

当上司分派工作时，年轻人不能抱有“把这个和那个做好就行了”的想法。而要学会在工作中独立思考、融入自己的想法，尽力把事情做到完美。尤其是女性，更需要这种什么都愿意尝试的气魄。

尽管我现在会这么说，但年轻时的我也并不懂得这些。

那时的我还不以为然，“难道人年纪大些，就不允许出错了？”

但是到了我如今这个年纪，想法就完全不同了。我会想：“现在已经有一定的社会地位，也有了丰富的经验，出错了那该如何收场？”

随着年龄的增长，犯错的成本和代价都会越来越高，甚至犯错会成为一种奢望。

我想要大声地告诉各位妈妈：“年轻是一种资本，当孩子还小时，请放手让他们去挑战和尝试吧！他们在不断的犯错和失败中，一定会积累宝贵的人生经验。”

女孩更害怕失败

在女孩年幼时，父母能教给孩子的是对于失败经历的一种正面认识。

首先，父母要让女孩认识到“即使失败也没关系”。

其次，当孩子失败后，父母不要说“讨厌，又失败了”，而是要耐心地和孩子一起交流，总结失败的教训和经验。

比如，父母可以对孩子说：“没关系，经历了这次失败，你就会变得更坚强了！”

女孩尤其害怕失败。因此，父母需要给予女孩更多的鼓励。

在孩子犯错时，不少父母总是容易用消极的话语和孩子沟通：“你为什么不会做？”“都说过多少次了，怎么还是犯同样的错？”“还不是因为你自己不够努力！”

如果父母对女孩这样说，那孩子下次肯定很难鼓起勇气再次尝试。

父母应该使用积极、正面的语言和孩子一起分析与总结这次失败的经验和教训。“越是这种时候，越不能气馁！”“虽然这次没成功，但你不也学会做 ×× 了吗？”“只要这里再下点功夫，你下次一定会成功的！”“吃一堑，长一智，你不也学聪明了吗？”

孩子失败了也没关系，关键在于父母的态度

有个学生的妈妈说过这样一句话，让我至今难以忘怀。

在某次户外钓鱼体验活动的返程中，有个小男孩愤愤不平地说道：“今天一条鱼都没有钓到，再也不来了！”

听到男孩的话，他的妈妈马上说：“这么容易就放弃啦？这可不像你的风格哦！”男孩双眼闪烁着光芒，他想了一下后对妈妈说：“那下次我再试试看！”

这虽然是一个男孩的例子，但也绝对值得家里有女孩的父母借鉴。

孩子是否能积极乐观地看待失败，父母的态度至关重要。毫无疑问，能否在失败中不断积累经验和教训，并一步一步成长，是孩子在成长过程中必须要面对的至关重要的一课。

NG
还不是因为你自己不够努力！
负面话语

OK!
你下次一定
能做好！
正面话语

Column 在男性眼中，什么样的女孩更受欢迎？

① 深谙与异性沟通之道的女孩

有时看到一些年轻的女员工不知道如何与男同事沟通，我就会想："这孩子不懂得如何与异性沟通，真是有些可惜啊。本来她的工作可以做得更好的……"

有些女员工在与男同事说话时很不客气，这样双方难免会闹得不愉快。而有些女员工在跟我说话时，会刻意地离我远一点，小声地跟我说话。

我平时喜欢和员工开开玩笑，缓和一下紧张的气氛。

但无论我说什么，那些不懂得如何与异性相处的女员工总是不能理解我的真正用意，她们始终保持一本正经的态度，实在让人难以接近。

而已经深谙和男性相处之道的女员工则不同。在她们眼中，男性并不可怕，她们往往能够如常地和男同事进行交流，反而很有亲和力。而且这些女性也能开得起玩笑，与男同事相处得很融洽。

我想说的是，无论是在恋爱中，还是在生活中的其他任何方面，希望女孩能够多多地向异性学习。

从异性那里学到的东西，不仅会对女孩的恋爱和婚姻有所帮助，还能让女孩在职场上更好地和同事们相处。

因此，在女孩小的时候，父母要尽量为她创造一个男孩女孩一起玩耍的环境。

② 会撒娇的女孩

在我十几岁的时候，一直对“爱撒娇的女孩更好命”这个说法抱有怀疑。

后来成年后我终于明白，其实在男性眼中，女性在恰当的时机撒撒娇是非常惹人怜爱的，有时还能化解尴尬。

会撒娇的女性更能展现她温柔的一面。撒娇，不是无理取闹，也不代表软弱，而是一种高情商的体现。

虽说女性没必要整天装出一副柔弱的、惹人爱怜的样子。但男性还是喜欢身边的女性偶尔撒撒娇的。

如果被身边的女性娇滴滴地夸赞一句“好酷哦”“太厉害了”，估计很多男性都会得意忘形。

男性对于会撒娇的女性是毫无抵抗力的。但是，大多数女性都很讨厌会撒娇的同性。

女人的心理大概是这样的：在喜欢的人面前撒撒娇就罢了，要是无论在谁面前都这副模样，就有些讨人厌了。

前几天，我坐电车时遇到一对非常有趣的情侣。他们大概二十岁出头。

那个女孩看上去稍微有点内向，但等她男朋友在某一站上车和她汇合后，女孩仿佛变了一个人。她轻声地和男朋友说着话，一脸娇羞与温柔，还时不时偷偷地碰碰男友的胳膊，含情脉脉地仰视着他。

女孩表现得极尽娇柔，估计无论哪个男性看到她，都会产生一种想要保护她的冲动吧。

而一部分女性，对撒娇抱着一种不以为然的态度，对撒娇的女孩很是鄙视。她们也从来不会向别人撒娇扮可爱，我不由得替她们感到有些惋惜。

谁都希望和恋人彼此相伴，天长地久。因此，女孩稍微撒撒娇实在不是什么坏事。面对意中人，不由自主地撒撒娇，这是一件多么美妙的事情啊！

男性也好女性也罢，恋爱本就是从一个人的幻想甚至会错意开始的。

撒娇是女人的天性，高情商的女人尤其懂得适当地撒娇。几句温和的话语就能解决问题，一点娇柔的微笑就能缓和气氛。

在养育女孩的过程中，妈妈可以教女孩好好利用女人天生的优势，做一个可爱又有趣的撒娇女孩！

第5章

如何培养女孩的学习能力？

我在前面几章介绍了如何把女孩培养成能自食其力、独具魅力的女性。

那么，在女孩的幼儿园阶段和小学时期，各位妈妈要如何做才能让女孩充分发挥自己的潜力，在今后的人生中展现自身的优势呢？

我们都知道，女孩和男孩的大脑发育特点不同，女孩的左右脑发育得更早且相对均衡，而男孩的左右脑发育迟缓，右脑远比左脑发达。此外，女孩和男孩的性格特征也不相同，我在第 1 章中也介绍了女孩的 12 种特征。我们在培养女孩的学习能力时，一定要重视这些特征，这样才能取得事半功倍的效果。

在最后一章中，我将结合自己在培训学校多年的教学经验，与各位妈妈分享一下与培养女孩的学习能力相关的注意事项。

✿ 警惕女孩“扮演好学生”的学习态度

凡是学习能力强的孩子，他们都有这样的特点：不自欺欺人、遇到不懂的问题一定会刨根问底。

这样的孩子会对敷衍了事或装模作样的学习态度嗤之以鼻，他们在上课时也不是漠然地抄笔记，而是想要把一个问题真正弄明白。遇到问题后，他们会反复思考与钻研，直至攻克难题。他们追求的是弄懂一个问题后的成就感和愉悦感。

这样的孩子是绝对不会自欺欺人、不懂装懂的。

但不少妈妈容易过度关注答案的对错，这样很容易让孩子陷入“答案至上”的误区，即只要答案正确，其他的都不重要。

毋庸置疑，学习中最重要的是思考的过程，而不是一味追求答案是否正确。如果孩子没有理解并掌握解题思路，下次遇到类似更难的问题时，就会无从下手。

特别是女孩，正如第一章中提及的女孩的一大特征——“想要努力做个好孩子”。这一点一定请妈妈要格外重视。妈妈们不要过多关注女儿“有没有认真学习”和“会不会做题”，而要仔细观察“孩子是否在学习中收获了满满的乐趣和成就感”。

如果孩子对妈妈说：“无所谓啦！反正我最后答对了！”这绝对是个危险信号，妈妈要引起足够的重视。

因为孩子一旦这样，说明她在意的就不再是自己到底有没有理解这道题，而是“做做样子敷衍学习”或者“为了得到妈妈的表扬而学习”。

学习最重要的是思考的过程。

✿ 让女孩体会思考的快乐，这是成长的根基

在 10 岁之前，建议家长多让孩子做迷宫之类的思维游戏。孩子在走出迷宫后会很有成就感，而且这个阶段的孩子本身对各种图形也非常感兴趣。

妈妈要注意，在引导孩子“玩得开心”的同时，也要让她“体会思考的快乐”。

不少妈妈给孩子一本迷宫书，就是希望孩子从头至尾一道题不漏地全部做出来。但有些内容孩子会很抵触。

因此，如果让孩子在家做一些培养想象力的拼图或益智游戏，妈妈需要降低对孩子的要求，可以告诉孩子：“从哪里开始做都可以。”“现在不会做，下次再试试说不定就会做了！”

做迷宫游戏的目的不是为了解出正确答案，而是为了让孩子体会思考的快乐。

根据我这么多年的教学经验来看，如果孩子从小开始就能体会到思考的快乐，这种体验会影响他今后面对各种问题时的处理方式。能够快乐思考的孩子，在今后遇到问题时也能够积极地去想办法，直到找到解决方法，这肯定会为他今后的成长与发展打好坚实的基础。

我从下一页开始列举了几道可以锻炼孩子的观察力、想象力和思维能力的“快乐思考例题”，家长们可以带着孩子一起思考，一起体会思考的快乐哦。注意，重要的是思考的过程，而非一味地追求正确答案。

快乐思考例题①

下图中，有一个图形中和其他几个不一样，请找到并圈出来吧！

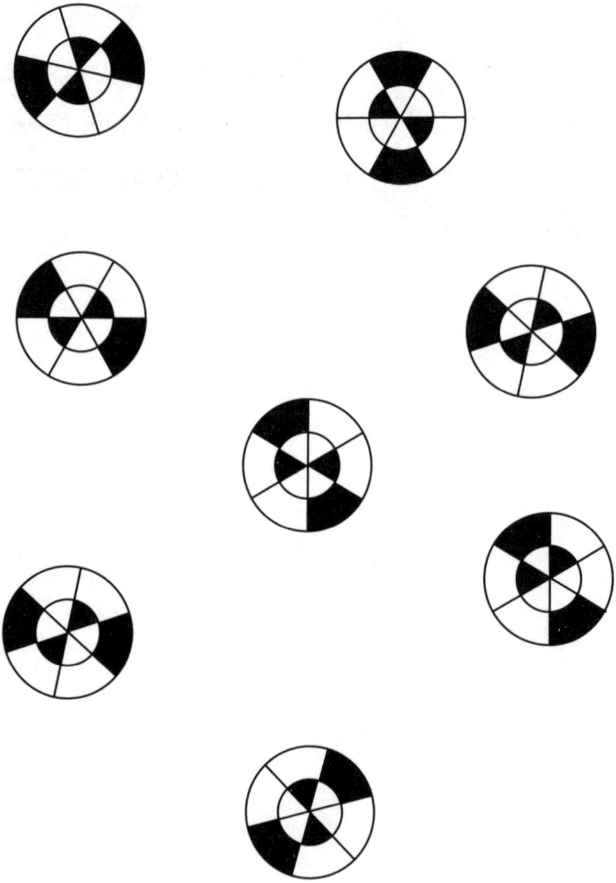

快乐思考例题②

左侧的四幅图呈现的分别是某个物体从上方、右侧、下方和左侧时看到的图形。那么这个物体是怎么放置的呢？请从右侧的①～④的图形中分别选出正确答案。

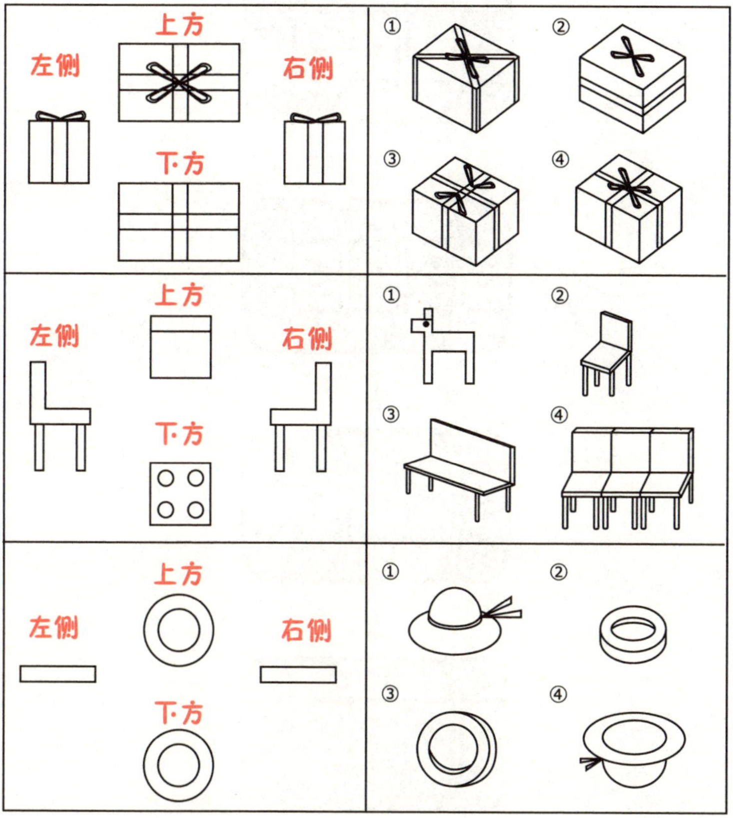

快乐思考例题③

下面的几幅图是按照某种规律同时转动锁上面的四个数而成的。“？”代表的四个数字分别是什么呢？

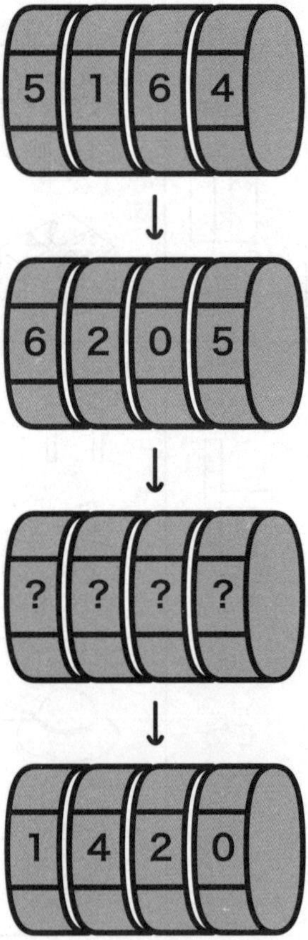

快乐思考例题④

在下面的图中加入三根火柴棒。如何摆放能够形成三个大小和形状相同的图形呢？

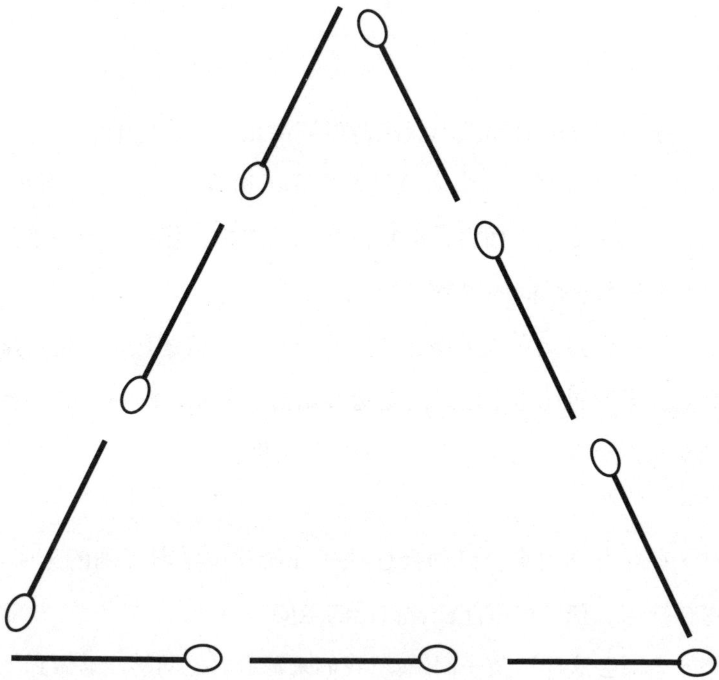

✿耐心、反复地告诉孩子要保持正确的坐姿

孩子在学习时如果不能保持坐姿端正，那么他的学习能力将很难得到提高。因为人总是习惯于一边写，一边思考问题。如果大脑想要集中精力，但身体却无法支撑，那自然无法坐在书桌前进行长时间的思考和书写。

相比男孩，女孩坐得还是比较端正的。但还是有不少女孩喜欢在学习时托着下巴，或是弯腰驼背。因此，妈妈还是需要向女儿不厌其烦地强调正确坐姿的重要性。

在花丸学习会，老师会让孩子在游戏中学习正确的坐姿。这样一来，孩子也就能注意自己的坐姿。

老师会这样对孩子们说："我们来看看哪位同学能够做到把手放在膝盖上，坐端正看着老师！"

"今天的最佳坐姿奖我们颁给 B 同学！"

在家里时，妈妈可能很难单独针对某个孩子的坐姿进行矫正。比如当兄弟姐妹都在一起学习时，建议妈妈不要去评判孩子们的坐姿谁好谁坏。

妈妈可以采用积极正面的话语，鼓励孩子努力养成正确的坐姿。妈妈可以说：“姐姐的坐姿真端正！”“小健的左手放得非常到位，真不错！”

✿正因为是女孩，更要让孩子重视写字的速度

各位家长是否对下面的场景非常熟悉？

读小学的女儿下午放学回到家，妈妈一边检查女儿的笔记，一边怒吼道："这个字都不会写吗？""要好好写字！注意一笔一画！"

但其实，对于低年级的女孩而言，还有远比笔记工整更重要的事情。

那就是要让孩子在学习过程中感受"我明白了""我学会了"的愉悦感。

如果过分强调孩子"一笔一画地写字"，孩子就无法体会到"我明白了""我学会了"的愉悦感，她会觉得："笔记内容不理解也没关系，只要把笔记抄写工整，妈妈就不会生气了！"但孩子这种为妈妈而学的态度是最危险的。

而且，如果孩子过分在意"一笔一画写字"的问题，写字就会慢吞吞的，考试时时间就有可能会不够用。

孩子在练习书法或硬笔字时，当然应该一笔一画工整地书写。但在日常生活中写字时，同时兼顾写字速度也很重要。

那些初三的尖子生在参加竞赛时，总是笔不停歇地飞速答题。竞赛的题量很大，如果不能快速地边写边思考，根本无法答完所有的题目。

因此，在女孩10岁之前，就要尽量让她养成合理分配时间、做事干净利落的习惯，不要过于在意孩子的某个细节，对她过于挑剔。

这也是评判孩子的学习能力时容易陷入的一个误区。

现在的小学大多提倡“慢慢地认真把字写好”。但这是否真正能够提高孩子的学习能力呢？我对这个问题始终持怀疑态度。我觉得，孩子在做加减乘除等需要反复计算的练习题时，写的字只要能看清楚就可以，完全没有必要让她非常工整地书写。

相反，家长应当训练孩子的专注力，边让孩子做题边用秒表计时，引导孩子加快写字速度。

✿ 语言能力是所有学习能力的基础

优秀学生的家长会及时纠正孩子的语言表达错误

优秀的学生有一个共同特征，那就是他们都有一个良好的家庭语言环境。在这些家庭中，家长和孩子能够轻松自如地谈天说地，整个家庭洋溢着幸福快乐的气氛。最重要的是家长会极其自然地及时纠正孩子语言表达上的错误。他们不会对孩子不恰当的表达置若罔闻。

经常会听到身边的人说："爸爸是 ×× 大学的高才生，孩子当然很厉害了！"从遗传学上来讲这种说法并不为过，但实际生活中却并非如此。孩子表现优异的家庭，一般来说家长都非常重视孩子语言表达的准确性。

准确表达一个词语、一句话，源于一个人对于语言严谨表达的重视，是开发孩子无限潜能的基础。

在这样的家庭环境中长大的孩子，从小就能毫不犹豫地指出对方语言表达上的错误。无论学习什么科目，都会从这个科目的定义学起。从这点来考虑，用语的准确性也是非常重要的。

我至今还记得教过的一个学生，他后来考上了东京大学。

记得有一次，我在讲到“飘落的树叶腐败后……”时，当时还是小学一年级的那个学生，用一个词“腐殖土”言简意赅地表达出了这句话的含义。

像这样，将世界上的万事万物通过语言表达出来，并加以理解，是开发孩子潜能所不可或缺的。孩子在 10 岁之前，家长要尽可能地为孩子创造丰富的语言环境，让孩子在听到一些词汇时，能够领会它们所代表的意思。只要能够做到“听和说同步，输入和输出对等”就足够了。

此外，会聊天也非常重要。这是因为在人际交往中一个人能否领会别人想表达的意思并予以回应是非常重要的。如果家长和孩子聊天时总是把自己的想法抛出去，而对对方的想法充耳不闻，日积月累就会成为一个大问题。

妈妈容易走入的一个误区就是“充当孩子的发言人，替孩子说话”。在孩子词汇量少，无法准确表达自己的想法时，不少妈妈总是迫不及待地打断孩子，充当孩子的发言人，替孩子表达，而不是让他们自己说。

这是一种非常不可取的沟通方式。家长要从小锻炼孩子的语言表达能力。一旦孩子升入初中，大多数孩子都会变得沉默寡言，那时候想要再培养孩子的语言表达能力，就悔之晚矣。

尤其是如果孩子上小学以后，还是说简单的词“水”“妈妈，卫生间”，妈妈就要引起足够的重视了。

妈妈可以故意反问孩子：“水怎么了？”“妈妈不是卫生间。”

因此，从孩子小时候开始，就要教她“我渴了，我要喝水”“我想去卫生间”等正确表述，这是培养优秀孩子的基础。

让孩子轻松读懂题目的三大关键

读懂题目是孩子上小学一年级时面临的最大挑战。

小学低年级的学生不会做题主要有两种原因：一种是不知道解题思路；另一种就是读不懂题目。实际上，孩子读不懂题目时，如果家长用简单的语言再给孩子讲一遍题目，说不定孩子就会做了。

但很多时候，孩子解题解到一半，妈妈就会非常恼火地说：“你为什么连这么简单的题都不会做！”

即便是语言表达能力较好的女孩，在理解有些题目时也有一定的困难。这可能是很多妈妈没有预料到的。

面对一道题，孩子首先需要阅读题目，并将题目的要求理解清楚，然后再将所理解的内容转化成某个公式，从而解出答案。

无论妈妈怎么怒吼女儿：“给我认真读题！”有些题目孩子就是读不懂。

妈妈不要当孩子的“发言人”，不要替孩子说话！

为帮助孩子读懂题目，妈妈可以和孩子一起反复练习以下三大步骤：

① 和孩子一起读题，理解题目的要求。

② 让孩子把题目要求画出来。

③ 将题目要求转化成公式。

此外，妈妈切忌对孩子说："读了这么多遍题，为什么你就是不明白呢？"假以时日，孩子总能学会读题。在这之前，如果妈妈总是这样喋喋不休，孩子心里就会觉得读题这件事"很难"。时间一长，读题没准就真的成了孩子的一个弱项了。孩子也会开始对学习感到厌烦。

学习汉字从常用汉字开始

经常有家长问我："孩子上小学前，我们可以在家教孩子学习汉字吗？"我认为，只要孩子自己想学，教什么都行，教多少都可以。

如果孩子本身没有学习的欲望，只是怕妈妈生气，不得不做做样子的话，这样的学习态度肯定是不可取的。

我们在生活中肯定会接触汉字，因此在学习汉字的入门阶段，可以教孩子写自己的名字、父母的名字、喜欢的卡通人物的名字、喜欢的动物的名字等，让孩子慢慢对汉字产生兴趣。

这里补充一点：正如我在第二章所提到的，为孩子的长远发展考虑，孩子上小学后，家长一定要多花点心思让孩子坚持练字。

遇到不懂的问题及时查阅

当孩子遇到不会写的字或者不懂的问题时，家长要和孩子一起查阅资料。如果家长平时有查阅字典的习惯，孩子也会耳濡目染，逐渐养成这个习惯。现在还可以上网用各种搜索工具查阅，非常方便。

家长“不懂就查”的态度，能够帮助孩子养成查阅资料的好习惯。

父母的言传身教让孩子爱上阅读

一般来说，女孩要比男孩更喜欢读书。

在我看来，以下三种方法可以让孩子爱上阅读：

① 妈妈可以让年幼的孩子坐在自己的大腿上，读绘本给他听。

② 父母平时有良好的阅读习惯。

③ 孩子在青春期时读到一本好书。

我自己在青春期烦闷的岁月里，也曾读过一本可以解答我困惑的好书，从此便爱上了阅读。

不过，如果妈妈给孩子读书不太奏效时，也不要对自己失望。还有一个方法，那就是父母的言传身教。如果父母自己不喜欢读书，只会对着孩子说“快去读书”，孩子也不会产生阅读的兴趣。父母应该对孩子说“我现在在读书呢，你自己玩吧”，这样一来，孩子反而想要读书了。

和孩子玩接龙游戏，增加孩子的词汇量

在词语接龙游戏中的表现，能够反映出孩子甚至大人的学习能力。孩子总是喜欢各种各样的与语言相关的游戏。父母可以抽出一些闲余时间，见缝插针地和孩子玩词语接龙游戏，让孩子在不经意间增加自己的词汇量。

父母还可以根据孩子的学习能力，设定一些游戏规则，比如“成语接龙”“蔬菜接龙”等，让孩子在游戏中轻松增加词汇量。

培养孩子的数学思维

学习数字时不要从算术开始

升入高年级后，算术方面比较弱的孩子的一个共同点就是“小时候从算术开始接触数字”。其实并不是说算术不好，而是相比之下孩子对于数字顺序的理解最为重要。

最简单的方法是让孩子洗澡时玩数到一百的数数游戏，便能够很好地培养孩子对数字的感觉。这比算术更为重要。

虽说学习数字时从算术开始，会让孩子比较擅长计算。但是这样的孩子数字意识会比较差。等到小学六年级学习整数问题时就会感到非常困难。

在日本一些有名的私立初中的入学考试中，就会出现关于整数的考题。很多学生就是因为没有掌握好相关的内容，而与其他同学拉开了差距，在激烈的竞争中被淘汰。不少学生都是因为在日常生活中很少接触数字，这让他们对整数问题头疼不已。

因此，妈妈可以将数字问题融入游戏中，来锻炼孩子的数字意识。

比如，在玩过家家时，妈妈可以和孩子一起数数盘子或筷子的数量，或者数数花朵的数量，然后做成花束。

模拟时钟可以开发孩子的潜能

拨弄时钟有助于开发孩子的潜能。推荐家长在家里给孩子准备一个模拟时钟。

在数学题中有一类难题，就是考察两个物体进行不同的运动（偏导数、追击相遇等考察速度的问题）。时钟是让孩子感受这一运动的第一步。这是因为模拟时钟的“分针”和“秒钟”处于同一个表盘上，但所指示的内容却各不相同。

而且模拟时钟还有助于让孩子理解角度、面积、十二进制等问题。

妈妈还可以这样问孩子：“爸爸还有几分钟到家呢？”

孩子总是能够记住与生活息息相关的一些常识。因此，妈妈可以从日常生活入手，问孩子一些诸如“短针指向 8 和 9 之间，长针指向 6 时，是你去幼儿园的时间。那你能告诉妈妈那是几点吗”之类的问题，让孩子从小就对时钟感兴趣，从而开发孩子的大脑潜能。

从日常生活入手教会孩子分配问题

家长可以从日常生活入手，培养孩子对数字的兴趣。家的电话号码、邮政编码、地址以及孩子自己的出生年月日、喜欢的点心的价格等，这些都是孩子熟悉的且容易感兴趣的数字。趁着这个机会，也可以让他们记住一些生活中必备的小常识。因此，家长可以从这些方面入手，培养孩子的数字概念。

此外，当孩子升入小学后学习了除法等数学概念后，如果家长能够在日常生活中进行强化，那孩子对于这些数字概念就不仅仅是局限于表面上的简单计算，还能够有更深入的理解。

比如，妈妈可以问孩子："这些点心要怎么分给爸爸、妈妈、哥哥和你自己，才最公平呢？"怎么分点心才公平这一问题对于孩子来说，是非常具有现实意义的。遇到这样的问题，孩子一般都能集中注意力认真思考，并按自己的想法把点心分享给大家一起品尝。

提高孩子的思维能力

现在小升初、中考、高考，以及一些招聘考试中都会涉及思维能力方面的考题。这已经成为选拔优秀人才必不可少的一类题目。

可能有人会问："试题中不是也有单纯的计算问题吗？"但现在各类测试看重的不再是应试者能否得出正确答案，而是为了得出正确答案做的"种种尝试"。

这种"尝试"就与孩子的思维能力息息相关。为了提高孩子的思维能力，我建议家长可以从以下几个方面入手。

帮妈妈做家务能够培养孩子的思考能力

孩子都愿意帮妈妈做家务。妈妈给孩子安排任务后，孩子都会非常用心地去做。更重要的是，孩子每天做同一件事，时间久了，就会熟能生巧，还会琢磨出一些小窍门，以便更高效地做好这项家务。这是每个孩子的共同点。

如果让孩子负责每天洗浴缸，他在重复的过程中就会思考：“如何才能用最少量的清洗剂，把浴缸每个角落都清洗得干干净净？不知这样做可以吗？”

以我自己的经历举例。我小时候每天负责烧洗澡水。那时，家里用的还是旧式的大铁锅，需要生柴火加热，一开始，我不懂得如何生火，吃尽了苦头。后来，经过反复实践，终于能够把火生好了。每次生好火，我都会有一种成就感：“真棒！火烧起来喽！”

还有，晒好被子后，一开始我都是直接从房檐上把被子取下来。渐渐地，我想出了一个新点子。每次收被子，我都会让弟弟站在下面，并在被子与地面之间架个滑竿，让被子顺着滑竿滑到弟弟手中。

事实上，如果一个孩子平时没有开动脑筋的经历，在解题时，就算家长跟他说“再仔细想想”“再把这道题简化一下”，孩子也无从下手。

“动脑筋”考验的是孩子的主动性。平时没有亲身体验过“动脑筋”带来的喜悦感的孩子，在解题时也无法真正“动脑筋”。

培养孩子的抗挫力

相信每位妈妈都很疼爱自己的孩子，什么事都想替孩子提前办好。

还有些妈妈嘴上跟孩子说着“自己好好做啊”手里却已经在替孩子做这件事了。这样的孩子永远都无法得到成长。妈妈的代劳，相当于剥夺了孩子动脑筋的权利以及遇到问题主动探索的能力，这样的孩子无法体验成功或失败。

就连做菜时打打下手这样的简单家务，有些妈妈都不愿意让孩子插手。

但实际上，一定要让孩子从小经历各种挫败，然后再努力克服各种困难。只有孩子积极主动地尝试去做一些事情，他才可能得到长足的发展。

因此，尽管有时候孩子帮妈妈干活时笨手笨脚，妈妈实在看不过去，恨不得抢过来自己做，但不妨从培养孩子的角度考虑，放手让孩子去做吧。

我在第四章中也曾提到，如果女孩小时候能够做好“把叠好的衣服放到衣柜里”“回家后把大衣挂好”等小事，这种做事井井有条的习惯一定会对她在今后的人生有所助力。

鼓励孩子问问题

孩子喜欢问问题、动脑筋，家长应当给予表扬。爱思考今后会成为孩子的一大实力。一般来说，想象力丰富的孩子大多比较喜欢思考。而且，孩子用语言把自己的疑问表达出来，常有疑问，才能常思考。

即便孩子有时候会提些“为什么天空是蓝色的”之类的问题，让家长一时难以作答。这时，家长要马上表扬孩子：“你真厉害！能想到这样的问题呢！”

此外，家长还可以和孩子一起思考一起查阅资料，以此来培养孩子的好奇心。

反之，如果在孩子小时候，家长对于孩子问的问题，总是一副毫不关心的样子：“那些事情关我们什么事啊！”“我怎么会知道那些？”这样就无法很好地培养孩子爱思考的习惯。

如果孩子问问题时家长比较忙，可以稍后跟孩子讲解。

家长可以说“等我做完饭”“等我洗完衣服”“等弟弟睡着了”……

等家长忙完后，就可以问问孩子：“你刚才的问题是什么来着？”然后和孩子一起思考，并让孩子感受到思考的乐趣。这是提高孩子的想象力，以及培养爱思考的习惯的有效途径。

大自然是孩子学习的天然宝库

都说山水之间是人杰地灵之地，很多天才也诞生于此。可见，用五种感官尽情地体验世界的多样性，是一个人智慧的源泉。

一个人在大自然中游玩时，被树枝上的刺刺到手指，就会有“痛感”；也能见识生物的“腐朽”等大自然的规律；还能发现每块石头都有各自不同的花纹和颜色，世界上没有一种事物是完全相同的。

这些都是在消过毒的清洁的都市中、在人工建造的娱乐设施中无法体会到的。

孩子做题时经常会遇到一类题目。图中有很多个立方体，有些立方体从正面无法看到，要让答题者找出所有的立方体。这类题目能考察孩子的空间认知能力，却无法锻炼孩子的这一能力。

因此，正如脑科学家所建议的，孩子在年幼时一定要让他多去户外活动，这样可以让孩子在尽情玩耍的过程中培养空间认知能力。

一般来说，右脑的功能（图形、空间认知和观察能力）可以通过户外活动得到提高。孩子在爬树、玩捉迷藏或玩球时，必定是一边熟悉周围的立体环境一边玩耍的。在玩耍的过程中，孩子的空间认知能力不知不觉就会得到提高。

而在各种入学考试中，空间认知能力题一般出现在最后几道压轴大题中。我也曾听到很多学生说："当时我就是因为不会做那道空间认知题，最后才没能考上医学部。"我想，估计这和他小时候玩耍的质量多少有些关系吧。

爸爸和孩子一起玩桌游

桌游可以充分地调动孩子的大脑，锻炼孩子的逻辑思维能力。玩扑克牌、围棋和象棋等桌游时，和对手面对面坐着，一边玩，一边体会"我想赢""不甘心"等各种心理，能更大程度地刺激大脑。而且桌游还能营造出一种"一决胜负"的氛围。

在学习围棋时，如果不进行实战，只是把一张有关下棋思路的题目摆到学习者面前："请你把这个棋局解出来。"那学习者只能发挥约六成的功力。

数学假设题考察的是一个人的逻辑思维。假设题目包括"必要条件"和"充分条件"。

必要条件这个表述比较晦涩，总体而言，考察的是一个人逐渐缩小范围的能力。一个人需要在看似无限的可能性中排除掉其他所有的可能性，最终定格在其中一种可能性上。智力的最终对决，就是看一个人是否能准确地找出那个必要条件。有的人只需要一点提示就会茅塞顿开，但自己却无论如何也想不到。

找到必要条件后，接下来还要分各种情况进行讨论，锲而不舍、无一疏漏地一一进行求证。这些能力都是后天养成的，与一个人小时候是否有过尽情玩耍的经历、是否具有不断尝试的精神息息相关。

事实上，不少桌游同时具备“必要条件”和“充分条件”两个要素。

在玩过一轮桌游后，爸爸不妨和孩子讨论一下刚才玩桌游时所使用的各种战术。这样能更有效地提高孩子的逻辑思维能力。

当爸爸和女儿玩过一局围棋，分出胜负后，爸爸可以跟孩子聊一聊：“你刚才为什么走这一步呢？”女儿：“因为我觉得，如果我走这一步，爸爸下一步就会那样走。”像这样，以聊天的方式和孩子再次进行假设推理，可以有效锻炼孩子的逻辑思维能力。

如果妈妈不擅长桌游，那也没有关系。可以让孩子和爸爸、叔叔或爷爷等其他家人一起玩。

甚至还有些特别聪明的女孩，可以同时和两个哥哥一边下围棋，一边玩猜谜游戏。

孩子的思考能力和独立解决问题的能力与将来的成就息息相关

一个喜欢动手制作东西的人，他的人生一般都会很充实。喜欢制作东西的人会感到愉悦，并不是因为他做的东西有多么好，而是因为他很享受开动脑筋思考制作东西的过程，因此会

桌游可以提高孩子的逻辑思维能力。

有很强烈的成就感。

一个人会为自己能够非常努力地制作一个东西而心生喜悦，当制作好的东西被一个个地摆在面前时，就会感到很快乐。因此，家长要鼓励孩子多动手多思考，培养孩子独立解决问题的能力。

算术和数学学到更深层次，就会考察一个人“发现问题”和“找到其他解决方法”的能力。

“理解”的最高境界有以下三点：

① 自己能够提出问题。

② 能够找到其他解法。

③ 能够给别人讲题。

这些都是一个人的智力达到一定程度时才能做到的。

在幼年或小学低年级时，偶尔会有些孩子对迷宫游戏非常着迷，玩着玩着就自己制作出了逻辑缜密的迷宫题。这样的孩子，今后的前途一定不可估量。如果你家孩子对某个东西非常着迷，一定要鼓励孩子把这个爱好坚持下去。这是能够让孩子得到长足发展的秘诀，也是让孩子的人生过得充实的秘诀。

而且，孩子在不断研究与探索的过程中，还会培养不轻言失败的能力。拥有这种能力的女孩将来肯定会潜力无限。

在花丸学习会的某个班级里，有个女孩在看到别的孩子做出其他解法受到老师表扬时，必定会在下一周拿出其他更好的解法给老师看。这个女孩后来轻轻松松地就考上了日本顶级初中之一的樱荫中学。

至于这个女孩今后能否成为一名好员工、一位好妻子，我们暂且不论。但就考试而言，不轻言失败的性格绝对是非常重要的。

鼓励孩子多描述事物

接下来，我们来讲一下培养孩子描述事物能力的问题。我建议家长给孩子创造各种用自己的语言描述事物的机会。

当孩子看过“孙悟空三打白骨精”的动画片，或读过相关的书后，家长要鼓励孩子将故事内容用一句话概括出来。当孩子表达出来后，家长的反应非常关键。

家长最容易走入的误区就是在听到孩子磕磕巴巴地说“嗯，讲的是孙悟空打死了白骨精的故事”时，马上否定孩子：“嗯？不止这些吧！”如果被家长全盘否定，孩子很可能就不愿意再继续讲下去了。

因此，家长可以引导孩子，告诉孩子如何描述一个事物：“你这样说也对，不过说成‘有个 ×× （人物） ×× （动作）’

可能会更好些。”家长要耐心地引导孩子，让孩子慢慢积累描述事物的经验。

当孩子在小学低年级时，家长可以问问孩子：“你今天都学了些什么呢？可以告诉妈妈吗？”孩子说完后，要马上表扬孩子：“是吗？学了这么多啊！”这些日常训练关系到孩子今后的总结概括能力和有条理地描述事物的能力。

✿ 告诉女孩遇到不擅长或不喜欢的事情，也不要退缩

随着孩子渐渐长大，女孩会表现出更擅长语文或社会学科，而对数学和理科科目有点犯难。这是为什么呢？

每个女孩的在数学和理科科目受挫的原因大致相同。女孩在幼年时期原本很擅长“计算”，但大部分女孩都把“一丝不苟”作为人生信条。她们会很认真地写作业，而且也能轻松解题。计算也就是稍微费点事，这时还不会让女孩感到烦恼。

但大多数女孩对数学的喜爱，也仅止步于小学四年级以前。升入高年级后，当数学题目逐渐变难，很多女孩就会开始感到不耐烦，渐渐地在面对数学这一科目时，动不动就会把“不擅长”“不喜欢”这样的字眼挂在嘴边。

在我看来，“不擅长”“不喜欢”这样的字眼会让一个人的人生半途而废。

女孩一开始无非是想用这样的字眼来逃避对数学的讨厌，最终被这样的意识所捆绑。

初中之前的课程，只要非常努力地去学，基本上不存在学不会的问题。

前几天花丸学习会的一堂课上，有个小学一年级的女孩脱口而出："我不喜欢数学！"其他孩子也纷纷学着她说："我也不喜欢！"这时候，其实是一个引导孩子的很好的契机。

于是我暂停讲课，跟孩子们说："孩子们，请听老师说句话！"我认真地对他们说："我刚才好像听到谁说'不喜欢''不擅长'，我们来玩一个在生活中找数学的小游戏吧！教室窗户的大小、家门口的坡度、红绿灯的时长，这些都和数学有关哦。接下来大家可以认真去观察，如果发现了生活中的数学记得与同学和老师分享哦。"

于是，一周后我上课的时候，和孩子们一起分享了生活中发现的数学，下课时，这些可爱的孩子们就纷纷改口："我最喜欢数学了！"

教书育人的关键就是看一个老师能不能让孩子们对所学的知识消除"不喜欢""不擅长"的意识。

各位妈妈和爸爸也要注意自己的言行。

比如，妈妈在聊天时，有时会说："你说这孩子是不是数学

（或语文）不好啊！”就是这不经意的一句话，说不定孩子听了，就真的学不好数学（或语文）了。

虽说有些女孩会因为喜欢某个老师，而喜欢他（她）教的那门课，这当然不失为一种好转机。但还是建议各位家长要注意自己的措辞，不要让孩子莫名地对某个学科产生厌恶情绪。

不要被“女孩就是不擅长数学”等言论误导

具体而言，文科出身的妈妈常说的一句话会让孩子不喜欢数学。那就是：“你不赶快做完数学作业，还怎么去玩啊！”无形中的言论会让孩子觉得学数学就是一项枯燥的任务，是件无趣的事情。

相反，理科出身的妈妈因为自己小时候很喜欢数学，但女儿学得有些吃力。这时如果妈妈常把“为什么连这么简单的题目也不会做！”这样的话挂在嘴边，那孩子就会开始讨厌数学。

妈妈自己很擅长这些科目，也就很难深切体会到女儿面对数学时的无助。

而且，升入高中后，数学科目中都是一些与实际生活无关的抽象的知识点（函数问题、速度问题、与物理相关的知识等）。这让女孩感到吃力，很难超越男孩，不少女孩就会对数学越来越反感。甚至有些女孩会说：“我对数学根本提不起兴趣。”

在这里我还想重复一句，一定不要让孩子在面对暂时的失

有些孩子会因为喜欢某个老师而喜欢上老师所教的科目。

败时选择逃避。家长一定要秉持这样一个信念：初中以前的课程，只要孩子努力了，就一定能学会。

如果孩子说："我可能真的学不会数学！"家长要马上打消孩子的这个念头："怎么可以这么说呢？你不是还没有好好学吗！"女孩间还流传着这样一种说法："女孩就是不擅长数学。"家长千万不要让女儿被这样的言论误导。

正如我在第二章中所谈到的，"语言"能将一个人的"意识"牢牢禁锢住。

接下来，我来讲一讲数学成绩好的女孩的三个特点：

① 好胜心强、态度认真，能够坚持不懈地努力。

② 具有"不遗漏任何疑问"的学习态度。

③ 能够得到优秀老师的引导（能够讲出该科目的趣味性和精髓）。

在兴趣班方面，围棋最适合培养孩子的逻辑思维能力，而乐器也能培养孩子的思维能力。坚持练习钢琴或吹拉弹唱的孩子学习成绩一般都比较好。

演奏乐器时，哪怕只有半个音出错也会导致演奏满盘皆输，自己也会受到指导老师严厉的批评。这可以培养孩子的思维缜密性。演奏是一门时间的艺术，在演奏过程中能培养孩子的预判能力、想象力、专注力和一招分胜负等多种能力。

希望以上这些内容能够为想要提高女孩学习能力的各位家长有所帮助。

结语

各位读者读完这本书后有何感想呢？

是感同身受，还是有不同意见？想必大家感触良多。

我将自己在教育第一线工作的二十多年的所见所想都写在了这本书中。希望能够让各位家长放松心情，找到更轻松的养育女孩的方法。

最后我想说的是：妈妈在与女儿沟通时，一定要注意“语言的力量”和“不经意间偏向某个孩子”这两个问题。

女孩进入青春期后，一旦把某个人列入自己“无法原谅的名单”，那么很有可能一辈子都不会原谅那个人。

要知道，女孩会永远记住别人对她说过的狠话。

有个叫小 N 的女孩曾经说过这样一句话：“记得我小学四年级的时候，有一次妈妈做菜时让我打下手，我就去帮忙了。结果妈妈却冲着我说：‘你在这里太碍事了，快去一边玩去！’

在这件事情上，我一辈子都无法原谅妈妈。”

有个叫小S的女孩说：“妹妹做同样的事情就不会被妈妈骂。但我一做，妈妈肯定会骂我。比方说，我稍微弄洒了点牛奶，妈妈就会骂我：‘真受不了你了！总是这个样子！’我想不明白为什么被批评的永远是我！”

一个叫小F的女孩说：“我知道妈妈也爱我，但我觉得妈妈还是更爱弟弟。因为每次我回到家，妈妈虽然都会在门口迎接我，但每次妈妈买了蛋糕，肯定最先冲着弟弟说：‘妈妈买了蛋糕哦！’”

各位妈妈，如果你觉得自己的女儿“总是气鼓鼓的样子”“性格有些阴郁，很难沟通”“不跟自己说心里话”时，不妨尝试一下这个沟通方法——有意识地创造妈妈与女儿一对一的沟通机会。

最简单的一种方式就是周末购物时，一定和女儿一起去。在孩子幼年时期这个方法非常管用。这样多试几次，孩子一定会重新找回自信，变得开朗起来。

这是因为每个孩子不管有没有兄弟姐妹，总是迫切地想要独占妈妈的爱。

进入青春期后，有些女孩不会轻易地向妈妈敞开心扉。对于这样的孩子，建议妈妈可以一边开车，一边跟孩子聊天。彼此不对视，聊天的效果会更好。妈妈跟孩子有一搭没一搭地聊着天，说不定某个瞬间，妈妈就能豁然开朗："原来这孩子现在在想这些问题呢！"

无论女儿和妈妈吵架吵得有多凶，说到底，每个孩子最爱的还是妈妈。在女儿能够自力更生之前，妈妈陪伴女儿的时光说长也长，说短也短。

各位妈妈也不要忘记偶尔稍微放松一下自己。自己的妈妈、朋友、偶像、工作……这些身边的人和事都能够让一心扑在育儿上的妈妈喘口气。

把孩子牢牢地和自己捆绑在一起，孩子也会感到非常痛苦。

妈妈每天都能神采奕奕，这对女儿来说就是最好的榜样。

此外，我希望各位妈妈对自己的孩子多使用正面表达，多和孩子进行内容充实的对话，把女儿培养成"能够自食其力，受人欢迎"的魅力女性。我想，没有比这更让人欢欣鼓舞的事情了。

相信在各位妈妈的悉心养育与耐心陪伴下，女儿一定能成长为独立、优秀的魅力女孩。

日本花丸学习会校长

高滨正伸

图书在版编目（CIP）数据

妈妈，你其实不懂女孩：3～12岁女孩养育指南 /
(日) 高滨正伸著；李中芳译. -- 南昌：江西科学技术
出版社, 2022.2
ISBN 978-7-5390-7389-7

Ⅰ. ①妈… Ⅱ. ①高… ②李… Ⅲ. ①女性—儿童教
育—家庭教育 Ⅳ. ①G782

中国版本图书馆CIP数据核字(2020)第109794号

国际互联网（Internet）地址：http://www.jxkjcbs.com
选题序号：ZK2020153　　图书代码：B20178-101
版权登记号：14-2020-0171
责任编辑 魏栋伟
项目创意/设计制作 快读慢活
特约编辑 周晓晗
纠错热线 010-84766347

妈妈，你其实不懂女孩：3~12岁女孩养育指南

(日) 高滨正伸 著　　李中芳 译

出版发行 江西科学技术出版社
社　　址 南昌市蓼洲街2号附1号 邮编 330009
电话:(0791) 86623491 86639342(传真)
印　　刷 天津联城印刷有限公司
经　　销 各地新华书店
开　　本 880mm × 1230mm 1/32
印　　张 7
字　　数 120千字
印　　数 1-5000册
版　　次 2022年2月第1版 2022年2月第1次印刷
书　　号 ISBN 978-7-5390-7389-7
定　　价 48.00元

赣版权登字 -03-2022-1

快读·慢活®

《孩子这么吃，长得高，变聪明》

改变吃法，改变孩子的一生！

处于生长发育期的儿童，需要成人约 2 倍的能量，1.5 倍的蛋白质，2~3 倍的铁和钙！饮食中一定要补充促进肌肉生长的“蛋白质”、促进骨骼生长的“钙”、有助于脑部发育的“DHA”、具有补血功能的“铁”和调整肠道功能的“发酵食品”。

本书针对 3~14 岁儿童，从科学营养的角度出发，介绍了 41 个营养搭配食谱，25 条饮食法则，让家长轻松掌握科学黄金配比，让孩子吃得香，长得高，变聪明。

家长只要稍微花点心思，健脑饼、DHA 米饭、富含铁元素的鲜汤、对大脑和身体有益的点心都能变着花样轻松做！改变吃法，就能让孩子赢在起跑线，改变孩子的一生！

快读·慢活®

从出生到少女，到女人，再到成为妈妈，养育下一代，女性在每一个重要时期都需要知识、勇气与独立思考的能力。

“快读·慢活®”致力于陪伴女性终身成长，帮助新一代中国女性成长为更好的自己。从生活到职场，从美容护肤、运动健康到育儿、家庭教育、婚姻等各个维度，为中国女性提供全方位的知识支持，让生活更有趣，让育儿更轻松，让家庭生活更美好。